商务馆实用汉语师资培训教材

国际汉语教师
入职必修十课

编著／刘 弘

商务印书馆
The Commercial Press

2015年·北京

图书在版编目(CIP)数据

国际汉语教师入职必修十课/刘弘编著. —北京：
商务印书馆，2015
ISBN 978 - 7 - 100 - 11092 - 1

Ⅰ.①国… Ⅱ.①刘… Ⅲ.①汉语—对外汉语教
学—教师—资格考试—自学参考资料 Ⅳ.①H195.3

中国版本图书馆 CIP 数据核字(2015)第 044275 号

Guójì Hànyǔ Jiàoshī Rùzhí Bìxiū Shí Kè
国 际 汉 语 教 师 入 职 必 修 十 课
刘弘 编著

商 务 印 书 馆 出 版
(北京王府井大街36号 邮政编码100710)
商 务 印 书 馆 发 行
北 京 中 科 印 刷 有 限 公 司 印 刷
ISBN 978 - 7 - 100 - 11092 - 1

2015年5月第1版 开本 787×960 1/16
2015年5月北京第1次印刷 印张 15 1/2

定价: 35.00 元

| 序 |

　　当下的教师培训，比如新教师或外派志愿者教师培训，采用的模式基本上都是根据"应然"的标准，即作为一个 CSL 或 CFL 教师"应该"具备什么样的知识结构、能力结构，乃至教学技能来进行的。这是教师素质驱动的。培训单位或培训师根据对受训者的大致了解和教学需求，对照"应然"的标准，比如国家汉办研制的《国际汉语教师标准》（外语教学与研究出版社，2007），受训者缺什么就补什么。但效果常常不尽如人意，受训者主要的反映是"太理论""不实用"，有种"远水解不了近渴"的感觉。这反映出在我们所讨论的知识结构中缺失了重要的一块，那就是教师的实践性知识，尤其是个人实践性知识（personal practical knowledge），依据学者陈向明的定义，它是"教师真正信奉的，并在其教育教学实践中实际使用和（或）表现出来的对教育教学的认识"。学者 Elbaz 将其分为：(1) 关于自我的知识（knowledge of self）；(2) 关于环境的知识（knowledge of the milieu）；(3) 关于教学的知识（instructional knowledge）；(4) 关于课程的知识（knowledge of curriculum）；(5) 关于学科内容的知识（subject matter knowledge）等。这些"知识"并非是我们平时所说的"大道理"，或者说理论性知识，而是在实践中，在课堂教学中教师真正的所知、所信、所想，乃至所用、所做，在某种程度上甚至可以说就是"经验"。它们溶化在教师的"血液"里，落实在教师的"行动"中，具有个性、具体、内隐、缄默，甚至是可意会却难以言传的特征。比如教师在一个课堂教学事件中，为什么要这样做而不是那样做，瞬间的教学决策凭的是什么。这些在以往的教师研究、教师标准制定和教师培训中都未得到过充分关注。

如何把个性、内隐、缄默的实践性知识显化，变得能与大家一起分享，刘弘老师的《国际汉语教师入职必修十课》是一种尝试。在我看来，这本书所强调的就是实践性知识的积累，是刘弘多年教学经验的积累，当然这背后有着许多理论的反思和运用。

怎么读这本书？我的建议是，作为一名新教师，你不要把自己作为一个简单的读者或受训者为获取知识而获取知识地读，而是把自己作为一个即将进入实践的新手，带着许多迷茫和疑惑，伴随着每一章的进展，在"影子教师"的陪伴和帮助下成长。当你摆脱了一个被动者的角色，成为一个主动者，身临其境地去体验教学，去感知和反思，可能受益更大，因为这本书告诉了你一个教学过程，从预备（第一课：如何听课），到准备（第二课：如何备课，第三课：如何说课和试讲），再到课堂教学（第四课：如何进行语言点操练，第五课：如何设计和实施课堂活动）；从课堂语言的运用（第八课：如何用汉语教汉语）到教授不同类型的课程和对象（第六课：如何搞好"一对一教学"，第九课：如何教中小学汉语），再到教材的选择和课程的设计（第七课：如何选择教材，第十课：如何设计课程），也告诉了你如何去面对挑战。

这本书的另一个特点是从问题出发，以问题驱动，而这些问题又是新教师所普遍遇到的。由迷茫和困惑产生问题，由问题而形成案例（真实案例的积累是需要用心的），针对案例再进行分析，新教师的迷茫和困惑或可消解。这种"案例＋分析"的形式，对实践性知识的积累很有好处。案例给人以真实的情境，沉浸其中，"影子教师"通过分析，似乎是在手把手地带你，催你反思，助你成长。这些分析其实也就是本书作者刘弘老师本人多年丰富教学经验的缩影和写照。

我曾在另一篇文章中写道，正如同从单纯的、单向的、只关注"教"（怎么教）的教学法研究转向关注"学"（怎么学）的学习过程（二语习得、学习策略）和"学习者"（个体因素、认知）研究一样，CSL 教师教育研究也面临着一种转向，即从教师标准的研制、培训内容的选择、培训模式的创新转变为教师自身专业发展和教师认知（过程）的研究，前者关注的是外力的介入和全体的适用性，后者更专注教师成长的个体差异和个性，更专注教师内在的成长与进步，比如教师的知识，尤其是实践性知识是如何呈现的，又是如何建构并积累起来的，教师如何从"菜鸟"、新手成为熟手乃至专家、大师的，完成这一过程的"关键事件"有哪些，其认知过程和机制是怎样的，等等。教师专业发展研究的大趋势是越来越关注教师个体专业发展的过程。新一代的教师发展理论更强调教师自我学习、自主学习、自我探究。学者孙德金在 2010 年提出：培训和发展的本质不同是教师是被动的还是主动的。

　　新教师在读这本书时，一定要反思自身，考虑到你自己的专业背景、知识背景和个性特点，书中的指向和解决问题的途径并不是唯一的，教学环境的不同（在中国教还是在外国教，在课堂教还是在家庭教）、教学对象的差异（是大学生还是中小学生，是职员还是家庭妇女）、教学内容的选择、教学手段的多样、教学媒介的形式，都是影响教学、教学决策的因素，新教师一定要自我学习、自主学习、自我探究、自主发展。这本书给了新教师一个上升的台阶，"师父领进门，修行在个人"，希望大家都能借此让自己走下去，"修成正果"。

　　商务印书馆编辑和刘弘本人邀我写个序，我把读后的感想写下来，权当作序。

吴勇毅

2014 年 12 月 21 日于苏堤春晓

| 目录 |

第一课

如何听课

【案例1】 你听到了什么？

为了让国际汉语教育专业的研究生们对汉语教学课堂有更真切的了解，学院组织研究生们去汉语教学中心听课观摩。硕士一年级的李华被分配去听陈老师的精读课。

陈老师是位男老师，四十多岁，高高的个子，看起来很精神。李华来到教室，发现陈老师已经在教室里了。学生来的不多，只有几个人。看到李华进来了，陈老师就安排他坐在教室后面的一个座位上，还关切地问李华有没有问题想了解，李华腼腆地回答："没有。"

同学们陆陆续续地进来了，陈老师宣布上课。

今天课程的主要内容是操练一些语言点，基本的教学模式是陈老师提问，学生回答。李华发现陈老师的每个问题都带有要练习的语法或者词汇，学生也用这个语法或者词汇来回答李老师的问题。刚开始的时候，李华还觉得蛮有趣的，可是渐渐地，他觉得有点无聊，心想："这些问题都好简单呀！学生难道还会不懂吗？即使这么简单的问题，学生的回答也是结结巴巴的，看来这个班的学生水平也不高。陈老师的话又不难懂，还总要重复几遍，听着好啰嗦呀。这样教一个小时，内容也太少了吧？"

听着听着，他自己觉得好像快要睡着了。

一小时的课很快就结束了。

下课以后，陈老师走到李华身边，问："听课以后有什么感想吗？"

"没有，陈老师，您上得真好！"李华说。

下午是学院的讨论课，教对外汉语教学法的张老师组织同学们讨论，让大家来谈谈自己听课的体会。

"李华，你来说一说。"张老师点名了。

"好吧，"李华站起来，说："我来谈谈我的体会。这是我第一次进教室听国际汉语教学课，我非常激动，虽然以前也做过几次一对一的辅导，但是没看见过真正的班教是怎么进行的，这次听课让我了解到班教和个别辅导是有很大区别的。这次我听的课是初级班的精读课，教学内容是语言操练。我总的感觉就是陈老师的课非常流畅，环环相扣，循序渐进。陈老师是一位非常有经验的老师，看得出，老师做了充分的准备，学生的课堂表现也很不错，同学们都很积极地回答问题。"

"有没有印象特别深的地方？"张老师进一步问。

"有的，就是教学语言方面，我发现陈老师都是用汉语来进行教学的，这是我没有想到的地方，因为在我做一对一辅导的时候，学生听不懂的时候，我一般都用英语来解释。陈老师很有经验，全部的教学都用汉语进行，我想这样对于学生提高语言能力是有好处的。"

"还有什么吗？"张老师继续追问。

"陈老师的PPT做得挺漂亮的，我觉得陈老师花了不少时间来做这些东西。"

"好的，你说的都是一些宏观的印象，能不能具体说说老师上课的情况？能说得具体一点吗？比如陈老师是怎么进行操练的，有没有你觉得特别成功的一个操练，最好是给我们个例子来说明一下。"

"例子？我想想，嗯，……好像一下子想不起来。"李华搔搔头，脸上露出一点尴尬。

"你记笔记了吗？看看，笔记本上有没有什么例子。"张老师提醒李华。

"不好意思，张老师，我光注意听课了，笔记记得不多，主要就是写了一下老师的教学环节。"李华脸上有点发热。

"那你就根据你的笔记来说一下吧。"张老师还是很耐心。

"老师先是带全班说一下句子，然后是个别说，然后开始提问，基本上每个问题都问几个人，让他们回答，当然回答的时候要用老师规定的句型。"

"不错，老师提问的时候问了哪些问题？前后问题之间有什么联系吗？你听的时候注意了吗？"张老师问。

"陈老师问得好像挺好的，我就感觉他总是一个问题接着一个问题，问题之间似乎过渡得很好，不过到底怎么好，现在倒是想不起来了。嗯……"

讨论气氛有点凝滞，李华想打破沉闷，转换一下话题，说："对了，张老师，我有一个疑问，我听课的时候觉得很多留学生发音还算可以，我都能听懂，可是陈老师却一直纠音，这样是不是太严格了？我觉得以前我们学外语，老师给我们纠音的时候，我们压力都很大，陈老师这样纠音会不会打击外国学生学习汉语的积极性呢？还有，陈老师语速很快，学生会不会听不懂？"

张老师眼睛一亮，"很好的问题！那么你听完课后，跟陈老师交流过吗？你有没有问他为什么要这样呢？"

李华的脸上又一次出现了尴尬："我听完课就走了，我想陈老师上课很累了，所以不好意思再问这个问题。"

"哦，是这样啊。"张老师笑道，"虽然陈老师很累，估计还是愿意回答你这个问题的。"

老师又面向全班同学，说道："李华同学说得不错，第一次听课，基本上把老师的教学环节都听清楚了，也是一个收获，不过，到底怎么听，你们还得再学习。"

【点评】

　　一谈到专业学习，很多新老师就会想到"听专家讲座"，事实上，教师专业知识的获得不仅仅依靠各类专家讲座，课堂观摩也是一种重要的学习方式。很多实习教师认为对外汉语教学最重要的是实践，理论知识没什么用，只要多实践就能提高教学水平，这种想法是片面的。课堂观摩，也就是通常所说的"听课"，对于提高教师的实践能力也有着重要的意义。

一、为什么听课很重要？

　　听课是教师凭借眼、耳、手等自身的感官及辅助工具，从课堂情境中获取相关信息资料的一种专业学习活动。听课不是目的，而是教师相互交流、相互学习和促进教师自我反思的重要途径。对于准教师和新教师来说，从听课中能获得很多好处，具体表现在以下几个方面：

　　1. 能够学到优秀教师的教学方法。一般来说，在实习阶段，被听课的大都是经验比较丰富的优秀教师。新教师可以通过这些听课活动，直接观察到成熟的、优秀的课堂教学行为。优秀的教师在实施课堂教学时，往往会根据课堂情况进行灵活多样的处理，这些课堂行为由于是他们多年经验的总结，常是"只可意会不可言传"，有时连优秀教师本人都不一定意识到。又因为其过于具体，一般也不会出现在理论书籍中。通过听课，新教师们可以认识到课堂教学的复杂性，并了解到那些有经验的优秀教师如何应对这些复杂问题。通过观摩优秀教师的实际课堂表现，可以学到处理一些具体问题的教学技巧，若结合自己的教学实际进行思考和吸收，就能有力地促进教学水平的提高。可以说，对于新教师或准教师来说，听课是最有效、最直接、最经济的一种专业学习方式。

　　但是需要指出的是，光看教学技巧是不够的。教学是一项受到多种因素制约的活动，其他教师用得很好的方法放在自己的教学中并不一定好用，因此，听课绝不是简单地去看技巧和方法，而是要将这些技巧和方法与学生、教学环境综合起来分析。如果教师只想通过听课来学个"一招半式"，而不去思考这些技巧的使用条件和要求，很可能在实践中遭遇挫败。

2. 能够帮助新教师加深对理论知识的理解。新教师们一般在正式实习前都会学习很多教学理论知识，但是这些知识都是"去情境化"的，且不同的理论知识之间有时还存在着一些"矛盾"。这其实不是理论自身的矛盾，而是由于各种理论有其适应的对象和范围造成的。通过课堂观摩，新老师们可以真切地看到理论在实际的教学中是如何应用的，真正理解理论在实践中的形态。很多新老师经常存在的一个问题就是"理论脱离实际"：讲理论头头是道，而自己教学时则完全没有理论的踪影，另搞一套。根本原因是没有真正理解理论。他们或许能将理论背出来，但是一旦与具体情境相结合，就说不清楚了。因此听课就是理论学习的另一种方式，它可以让新教师们换个角度来更加深入理解所学的理论知识。

3. 能够促进新教师的专业能力的发展。很多新教师认为只要自己教的时间长了，"经验"就自然丰富了，就能成为一名好教师。其实不然。由于课堂上很多事情转瞬即逝，教师往往意识不到自己的某些教学行为可能是无效的或是错误的。如果没有足够的自我反思，教师的教学水平可能长时间停留在某一阶段，因此教学时间长不意味着教学水平高。而听课则给教师一个反思自己教学的机会。在听课中，一方面可以学到其他教师的经验，另一方面可以吸取他们的失败和教训，引以为戒。更重要的是，被听课的教师犹如一面镜子，提供给听课者自我反思的依据。听课者会自觉不自觉地将所听的课与自己的教学相比较，从而发现自己教学中的不足。通过与被听课教师的相互交流，就能取长补短，改进自己的教学，提高教学水平，促进专业发展。

很多老师对听优秀老师的课很感兴趣，对于听普通教师的课则感到无所谓，甚至觉得浪费时间。还有的老师开始几次听课很积极，因为很新鲜，可是随着时间的流逝和听课次数的增加，常常觉得"学不到东西"，认为无益于自己的教学。其实听课是一种教师专业学习的重要途径，无论是听优秀教师的课，还是听普通教师的课，只要认真观摩，深入思考，都能促进教师对于课堂教学的理解和认识。听一节课如同读一本书，"开卷有益"同样适用。从这个角度来说，无论是听老教师的课，还是新教师的课，对自身都是有帮助的。

二、听课中存在哪些误区？

听课很重要，但是我们发现教师在听课中存在着一些误区。

1. 听课时不能集中注意力。

虽然听课对于提高教师的课堂教学水平、促进其自身的专业发展有着极其重要的意义，但要真的做到一直认真地听却并不容易。在实践中，我们发现，有些教师对听课的认真程度是随着听课的次数增加而逐渐下降的。刚开始，教师常觉得听课很新鲜，挺有意思。可是一旦这种新鲜感消失，要集中注意力就不那么容易了。听课的老师抱怨最多的就是"这些课听来听去都差不多，没什么好听的"。相当一部分老师对听课产生了"审美疲劳"。还有的新老师听课纯粹是应付学校的要求，他们人在课堂，心在课外，听课时要么小声地聊天，要么做自己的事情，有人甚至还会打瞌睡。

所以，听课者要想获得理想的听课效果，必须端正态度，保持注意力高度集中，全身心投入。卓有成效的听课是以听课者严肃认真的态度和高度集中的注意力为前提的，要认真听、仔细看、重点记、多思考。长时间静坐确实容易使人疲劳和困倦，这就要求听课者用意志来克制自己，时刻关注，不能走神。

听课的老师也应该尊重课堂秩序。不要随意说话议论，不要干扰学生学习，不要干扰老师上课，更不要迟到、早退、衣冠不整或抽烟、喝水、干扰教学秩序等。如果听课者心猿意马，左顾右盼，迷迷糊糊地打瞌睡，或嘀嘀咕咕相互讲话，心思全然不在听课上，这种听课的效果就可想而知了。

2. 听课只关注授课教师。

新教师听课的第二个问题就是只关注授课的教师，而不关注学生反应、课堂环境、教学理念等因素。出现这种情况有两方面的原因。一是和新教师们自身的认知特点有关：新教师刚刚开始教学，因此总是希望能更多地观摩优秀教师的教学行为，希望能对自己的教学有所帮助。二是和某些新教师的听课心态有关。他们想把听课时学到的教学步骤完全照搬到自己的教学中去，认为只要将优秀教师的每一句话都复制下来，自己也能上好课，以为这种"偷师"、"克隆"就能最大限度地"复制"优秀教师的优质资源，使自己快速成为一名受欢迎的教师。殊不知，教学是受到多种因素影响的，优秀教师在某个班很成功的教学，照搬到其他课堂上，效果未必好。因此，听课不能光注意教师的教学行为，也要注意学生、环境等其他方面，否则就无法真正理解教师的行为，因为教学行为都是教师与特定教学环境互动的结果。现代教学理论强调"以学生为中心"，新教师的听课观摩也不能将学生丢在一边。

新教师在听课中还有一个常见问题就是主观地去评论所听的课，而不是分析其优缺点。而且随着听课次数逐步增多，相当多的新教师在听课时以挑剔的目光去寻找别人授课时的各种小缺憾，有时甚至在听课后把授课教师贬低得一文不值，觉得没什么好学的。实际上，听课者应该感谢其他教师为自己提供了学习的机会，抱着学习的态度去听课，相信无论是谁，都有自己可以学习之处。课堂情况复杂多样，切忌凭主观好恶或者个人经验做出简单化的评价。

3. 听课粗疏，只留下模糊的印象。

新教师听课第三个误区是比较粗疏。如果分析新教师们的听课报告，我们会发现充满了宏观的评述性的话语，而缺少真正有针对性的，深入思考的分析。为什么会有这个问题呢？首先是因为很多新老师光听不记，或者即使记了一些东西，也是没有重点的随手记。有的新教师一进教室就感到很新鲜。对他们来说，教室的布置、留学生的回答都是非常有趣的。于是他们把自己当成一个外国学生，沉浸在老师的课堂中。这样等到课听完了，才发现头脑中的印象很模糊。还有的教师听课前没有准备，匆匆走进教室去听课，对于本堂课的背景信息，如听的是什么教材、第几课、学生是什么情况等都一无所知。在这种毫无准备的情况下听课，自然难以取得好的学习效果。

三、听课的流程是什么样的？

听课似乎很简单，其实并不容易。要使听课发挥出最大的效益，听课者一方面应具备一定的教学修养和经验，另一方面也应掌握一定的听课技术和方法，看、听、想、记、谈等几种手段结合使用。作为一种案例学习的形式，听课活动也可以分成好几个阶段。每个阶段有其各自的重点。我们把整个听课流程分成三个阶段，听课前、听课中和听课后，分别作一些说明。

1. 听课前

听课前实习教师应当做一些必要的准备工作，这样能够大大提高听课的效率，也能够提高自己的教学水平和对教学的认识。听课前的准备工作主要包括两个方面，一是要尽可能多了解一些要去听课的班级情况，二是自己也要做一些教学上的准备。

听课之前，实习教师应尽可能多了解一些要去听课的班级情况，这对于理解主讲教师的教学行为非常有好处。教学是一种受到多方面因素影响的实践活动，其中学生的水平和需求、教材的特点、教学时间的限制、教学机构的要求等都会对教师的实际教学活动产生重要的影响。如果能够事先了解到这些基本情况，实习教师在听课时会比较容易理解主讲教师所采取各种教学行为，评课的时候也能有的放矢。

有时受到条件的限制，实习教师在听课前才知道自己要听哪个班的课，只能利用听课前的短暂休息时间，匆匆翻阅一下教材。有时候，实习教师只能拿到所要听的那节课的课本复印件，或者只有课文和词汇表，而缺少后面的练习等教学材料，这样仓促地投入到教室中去听课，听课的效率就打了折扣。实习教师对于课堂教学的理解也会产生问题。因此，这种情况要尽量避免。

了解班级情况最好的途径莫过于事先跟主讲教师取得联系。教师大都不太喜欢别人听课，因为这会给他带来压力。作为实习教师，有必要先跟这位主讲教师打声招呼，感谢他允许自己来听课。利用这个机会，不仅可以向主讲教师打听一下班级规模、学生情况、教材特点等外部因素，也可以了解到主讲教师的教学思路以及教学风格，做到对班级和教学心中有数。

除了了解班级情况以外，我们也鼓励实习教师写一点"教学预案"。所谓"教学预案"就是指实习教师在听课之前自己做的教学设计。教学预案并不是教案，不一定要非常详细，可以是粗线条的，比如勾勒一下大体的教学框架，整理一下总体的教学思路。当然，如果有时间，实习教师也可以对其中的一些方面进行比较充分的准备。比如考虑一下其中的某些词汇和语法点的具体操练方式，课后活动的设计等。做教学预案的好处就是能够将自己的教学设计与主讲教师的教学设计作比较，帮助实习教师在对比中寻找"他教"和"我教"的异同。

帮助实习教师进行对比是促进他们理解教学的重要手段。前面提到过，实习教师刚开始听课的时候由于缺乏教学经验，容易掉入"完全模仿"的误区，即打算把主讲教师的教学步骤和技巧直接"克隆"以后运用到自己教学中去；而有了一点教学经验后，又容易陷入"盲目否定"的怪圈，过分崇拜自己从有限的教学经历中得出来的"经验"，简单地否定主讲教师的教学行为。造成这两种现象的原因就是实习教师容易把教学水平的提高看成一个模仿行为的结果。也就是说，在他们的内心深处，认为存在一个"完美的""万能的"教学模式，听课的目的就是要去学会这个教学模式。我们认为，教师教学水平的提高是一个过程，而非简单的模仿就能做到。教师学习实际上是一种思维的逐步更新过程。现有研究表明，新手教师和优秀教师的差距并不是体现在后者能做而前者不能做这样的数量差别上，而是体现在后者和前者对于教学有不同理解的程度差别上。实习教师通过将自己的教学预案与优秀教师的教学设计相对比，能够逐步发现自己在对课堂的理解与教学设计等方面与优秀教师的差异，而这种差异的存在则会促使实习教师去探究教学的本质。

总之，"不打无准备之仗"，做好准备，走进课堂，才能最大限度发挥听课的作用。

2. 听课中

实习教师在听课时应边听边记。听课不是看热闹，不是简单地"听"就行了，而是复杂的脑力劳动，需要听课者多种感官和大脑思维的积极参与。

很多院校在组织实习教师听课的时候，都强调要"认真听课、详细记录"。这样的要求，初次听课的实习教师或许还能做到，然而随着听课次数的增加，他们很容易觉得对外汉语课堂"无聊"。作为一门语言教学课程，教学内容本身可能有点"简单"，学生的语言表达也不太流利，听着听着很容易犯困（做记录可以防止犯困）。另外，"记什么"本身也是有学问的。笔者研究发现对外汉语新教师在进行观摩和反思的时候，注意力都集中在教师身上，而对学生反应、课程要求等关注很少。这固然是与实习教师的认知特点有关，但这也提醒了教师培训需要引导实习教师对课堂做多方面的观察。建议实习教师听课时关注以下几个方面：

（1）记录教室的环境。比如课桌是如何布置的，是否有多媒体设备等。

（2）记录教学的各个环节。不同的教师对于不同的课型、不同的班级往往会采用不同的教学方法，把教学的各个环节用简短的语句概括地记下来，能够帮助实习教师从整体上把握整堂课。

（3）记录教师的教学行为。"细节决定成败"，优秀教师的经验体现在多方面，比如重点难点的处理手段，教学环节的时间分配，教师的教学语言和肢体动作等，这些都值得新教师记录下来。传统的对外汉语教师培训很重视对于教师语言的训练，比如如何解释、如何提问、如何纠错等，实习教师在听课中也要注意。同时，实习教师对于课堂中的一些"意外事件"也要特别关注。所谓意外事件是指一般备课中预计不到的事情，比如课堂纪律问题、学生的无关问题等等。有经验的教师常常能稳妥地处理好这些意外事件，把教学拉回到正常轨道上来，甚至能以此作为教学的资源加以利用。记录下这些事件及其处理方式对于实习教师提高自己的应变能力，丰富自己对教学的理解是有极大好处的。

（4）记录学生的反应和行为。学生的反应和行为不仅能帮助实习教师了解教学效果，同时也为实习教师的课后讨论提供了最鲜活的实例。国际汉语教学的多元化背景决定了它的课堂更为复杂：学生的国别、年龄、文化背景、认知特点都不同，要搞好教学，就必须对这样的多元文化环境有充分的认识。通过观察各个学生不同的学习行为，新教师们可以有效提高对课堂复杂性的认识。同时，通过记录学生的反应，实习教师也能更清楚地认识到哪些教学行为是有效的，哪些是无效的。

（5）记录自己对这节课的简要分析。在听课的过程中，听课者要善于及时地将课堂教学分析和听课心得简要记在听课内容的旁边，以备课后反思之用。在听课中，有些细节和心得转瞬即逝，如不及时记下，过后就再也想不起来了。新教师随手记下的这些当场的体会非常宝贵，是未来思考的基础和依据。

听课中除了要记录，更要思考。思考包括两方面：一是教师应合理预测，即听课者的思维要在一定程度上领先于实际教学过程，尝试分析教师的后续行为，摸索课堂发展的趋向，为分析评价赢得时间，变被动听课为主动听课；二是教师可以将实际教学与自己课前预设的方案及以往经验（如听过的其他优秀课）进行对照，以便寻找课堂中突出的亮点和教学中存在的问题。

总之，听课时实习教师要全身心地投入，积极思考。新教师们需要明白，听课的目的不是去照搬照抄已有的技巧，而是在于学习别人成功的经验，吸取别人失败的教训，培养自己的专业思维习惯。

3. 听课后

听课之后，实习教师还有一些工作需要完成，一是和主讲教师交流，二是整理听课记录，撰写反思笔记。有些教师听完课后既不对课堂实况进行回顾反思，也没有带着听课过程中的疑问与授课教师进行交流，不去进一步了解授课教师的设计思路和教学理念，这都失去了提高自己教学能力的机会。其实，通过交流可以更清晰地认识课堂教学的成功与失败，更好地借鉴教师的经验和教训。

有的实习教师在听课之后就随着学生一起走出了教室，似乎没有看见主讲教师一样，这是对主讲教师的不尊重。听课之后应当先向主讲教师表示感谢，然后再跟主讲教师进行一些简短的交流。有的实习教师担心主讲教师已经很累了，可能不愿意回答自己的提问，那么也可以与主讲教师另约时间商谈。不过笔者觉得，大部分主讲教师都是愿意与实习教师进行一些交流的。正如教师提问后总是希望学生回答一样，主讲教师也很希望从实习教师那里得到一定的反馈。而实习教师正好可以利用这个机会把自己听课中的困惑与主讲教师交流一下。听一听主讲教师的说法，可能会有新的启发。

比如在案例1中，李华就觉得主讲教师陈老师的语速很快，怀疑学生能否听懂。事实上，如果没有跟主讲教师沟通，李华不应该主观认定这样的语速是否过快。表面看起来，语速问题挺单一的，但是决定用什么样的语速说话却涉及到好几个方面，比如教师对学生理解的判断程度，教师的教学理念、教师的话语技巧等方面。例如有的教师认为对已经具有一定语言能力的学生，需要适当提高语速，而不应该总是用低速的"保姆式语言"，否则不利于学生习得语言；还有的教师拥有较高的话语技巧，采用适度的重复、简化的句法、熟悉的生词等手段使学生能听懂并适应较快语速。因此听课后的交流能够避免听课者的一些主观误判。

【案例2】 一份听课笔记

今天，我听了美国学校高中部黄老师给 Chinese 1（高中中文课 Introduction to Chinese 级别以上最低的一级）上的练习课。这个班有 10 个学生。高中部一节课的时间为 80 分钟。这堂课的主要内容是复习，通过讲解学生课后作业中的问题，主要是词汇、句型结构和课文段落大意理解等，来帮助学生巩固上节课中学到的知识。

上课一开始，黄老师首先在黑板上按顺序写下这节课主要的 tasks（讲解练习与课文复习），并跟学生做一下简要的解释。一般上 Chinese 1 的学生都是高中低年级的学生，往往都比较调皮，上课进入状态比较慢。所以老师就留出 5—10 分钟的时间来给他们导入，一般是用中文和学生做一些交谈，或者强调一下课堂纪律。比如有学生还在聊天，黄老师就会说："××，快一些。我在等你！"有的学生跟老师用英语提问，黄老师就会说："我听不懂你们说英文。请你们说中文！"终于把学生"赶"到他们自己的位置上安静下来以后，老师才开始上课，把学生的作业发到他们手上。

这份作业一共有两页，内容主要为新课中所学的词汇、句型练习以及课文段落大意概括。老师列出几个核心词汇，然后让学生用所学的句型造句。前半节课，黄老师就给学生讲解这份练习。她给每个学生分配一道题目，让他们把自己的答案写在黑板上。学生都十分积极，纷纷举手抢着要去写答案。课堂上十分热闹，学生都挤在黑板前写自己造的句子（这里的黑板十分宽大，足够 10 个学生在上面写字）。过了 10 分钟左右，学生终于写完了，他们回到座位上以后，黄老师开始就黑板上的句子进行讲解。我认为这个方法非常适用于比较初级的中文班，因为这些词汇、语法上的问题往往都是共通的，是全班普遍存在的。与老师一个人在黑板上把所有问题罗列出来相比，让学生自己写的好处就在于这样能够给学生一种参与感，让他们每个人都参与到教学中来，甚至可以给他们一个"半个老师的感觉"，因为老师讲解的是他们写的答案，如果这个答案是对的话，那么他们不就是老师吗？这样学生就会比较有成就感，觉得自己的学习有了进步。而如果答案是错的，老师会让其他同学指出来，纠正过来，而不是由老师直接说对或错，那么就等于是同学之间在互相教、互相学。这都能让学生有一种学习的"主人"的感觉。虽然讲解练习环节用这种方法所花的时间要比老师一个人讲、学生听记的方法多，但效果会更好，学生记得会更牢。

　　练习讲解完，整堂课也只剩下了大约 30 分钟。黄老师就让学生把作业再交上来，她要再检查一下学生是否把所有问题都纠正了过来。然后她让学生拿出课本，先是分角色朗读，接着进行复述接龙。这个环节的程序是：先由 A 同学开始复述课文，老师会随时喊停，再由 B 同学接着复述，以此类推。平均每个学生都能复述 1—2 个句子，全班同学都能得到机会复述课文。由于班上除了老师谁也不知道在复述的那个同学什么时候会停，以及下一个复述的人会是谁。所以每一个人都全神贯注地听同学复述，并且自己也在心里复述课文。这又是一个让全体学生"有事干"、参与到教与学中来的方法，课堂上学生学习的效率会显著提高。

　　听完这堂课，我最大的感受就是学生都十分积极，课堂互动感很强。课下我与黄老师交流得知：这个班的学生刚进来的时候整体上就十分活泼。

黄老师通过与他们一段时间的相处，也慢慢发现了他们的兴趣点，比如这些学生很喜欢在黑板上写字，觉得很"酷"。于是她就每次讲练习的时候让他们自己去写答案。黄老师告诉我，对于这些初级班的学生，老师首先就要培养他们对中文的兴趣，不要打击他们。并且要善于了解学生的性格，发现他们的兴趣点。老师要做一个引导者，把学生和知识连接起来，带着他们去学习、巩固知识。

当然一个班中学生太活跃也会产生问题，比如：学生在活动进行中很容易岔开话题，一个学生说起来就会有很多人应和，使得课堂主题偏离。这时候黄老师就会适当地提醒他们，有的时候学生做得过分了则会比较严肃地批评他们。课堂纪律在美国学校中是需要老师非常上心的一个问题，如何让这些正值青春期、活泼躁动的学生们集中注意力、安静学习，老师们需要一些有效的办法。我们这次就学到了一个办法，就是眼神法。当有学生闹着的时候，老师不要有太大的反应，就慢慢地走向学生，面无表情地看着他，不带任何情绪，让学生捉摸不透，学生就会慢慢安静下来，乖乖坐到座位上。这样至少能保持五分钟。等学生再闹起来，再用这个办法。或者，有学生总是忍不住说英文，老师就可以说："如果 XX 接下来半个小时不再说英文，全班同学就有巧克力吃。"有些小办法还有待我们慢慢去发掘。

【点评】

李华的这份听课笔记不光记录了自己上课看到的内容，同时也记录下自己的所思所想，而且思考的内容比较深入，反映出李华听课是非常认真的。如果新老师能够坚持做这样的听课笔记，教学能力和对教学的认识一定会有提高的。

四、怎么写听课笔记?

听课结束之后的另一项重要工作是整理听课笔记，撰写反思报告。新教师对于课堂教学的理解就是在整理和撰写反思报告中不断提高的。教师撰写的过程，就是一个重新审视教学，将理论与实际联系起来的一个过程。

　　限于时间关系，课堂上临时记录的笔记都是有点潦草和凌乱的。因此，实习教师应当要整理出一份比较正式的听课报告，这样不仅方便课后的研讨活动，同时长期积累下来，也可以形成教师记录自身成长的一个资料袋。

　　整理记录不能拖得太久，最好在听课结束后的一天内进行，此时头脑中对教学还有一定的印象，实习教师可以借助听课记录草稿回忆整个上课的过程。整理出来的反思笔记应该由两部分组成，一是教学过程的记录，二是实习教师的评论和思考。

　　一般来说，听课时做的记录都比较简单，那么在听课后整理过程中，要尽量详细一点，通过合理想象与弥补，在头脑中再现教学实况。我们认为没有必要把教学过程中的所有内容都事无巨细地写出来，做成一个"教学实录"，这样不现实，也没有太大的意义。听课记录应该是对课堂教学一种简要、合理的再现，又是对课堂教学环节、方法、效果的一种记录和思索。

　　听课时记录下的评价，限于时间，一般多是几个字的简评。因此在整理时，要充分关注这些零星的感想和智慧的火花，把对这些简评综合分析后所形成的意见或建议整理成文。评论和思考可以放在某个具体的教学内容之后，也可以选择教学中出现的一两个问题集中加以讨论，但是不管怎样，在最后的评课报告中，不应该再出现简单的"评点"，而应当有分析有建议。比如优点在于什么地方，是依据什么教学原理实现的等，缺点与不足又在哪里，怎样改可能效果更好，依据什么等。这样的深入分析对于新教师专业成长很有好处。

　　整理听课记录也要避免把听课记录变成"流水账"。一堂课的内容很丰富，但并非要面面俱到地去关注课堂的每个方面，因此，应该有选择地做好记录，着重点应放在体现教学设计、教学方法、学生反馈等方面。

　　我们鼓励新教师组成小组，合作进行课堂观察和讨论。大家可以有不同的分工，有的观察教师的教学提问，有的人观察教师的话语组织，有的人观察学生在活动中的反应等，然后在小组讨论中分别汇报自己所观察到的部分。这样的听课能够弥补因个人精力有限而带来的不足与遗憾。而新教师们之间的互相讨论，也可以促使新教师们从多种角度对主讲教师的教学加以研讨分析，促进他们更深入地理解国际汉语教学。

【案例3】 听课还要用表格？

今天李华又来听陈老师的课了。与上次昏昏欲睡的状况不同，这次李华认真多了，边听边记，还经常在一张大纸上画道道，看起来挺忙的。

下课以后，陈老师问："李华，这次听课边听边在写什么呢？"。

李华有点不好意思："我们上了一次课堂观察课，知道要专业化地听课，比如利用一些定量的量表来观察您的教学和您的课堂。我就是根据您的教学情况在做专门的课堂观察呢！"

"哦，这还真专业。感觉怎么样？"

"太麻烦了。您看我找到的 COLT 量表（Communicative Orientation of Language Teaching，交际法教学观察量表），它的第一部分用于描述课堂上一段时间内的活动，由七个观察项组成：时间、活动、参与者的组织、话语内容、内容控制、学生状态、材料，每一个大的观察项中又包含若干具体的小观察项。第二部分用于描述师生或者生生之间话语的互动交际特征，分教师和学生两个量表，主要包括以下七个交际特征：目标语的使用、信息差、话语持续、对形式或语篇的反应、话语引发、话语合并形式约束。我们老师说这是一个比较好的观察量表，我觉得还是挺细的，要做好记录也不容易。"

"可是这些定量分析表格非常复杂。"李华叹了口气。"我觉得我们一边听课，一边还要判断这是什么类型的教学行为，根本来不及。张老师告诉我，这样的表格做了以后可能对我们今后写论文做研究有用，可是我觉得对于我们这些汉语国际教育硕士来说，既然属于应用型的硕士，那么最重要的是提高教学技能，我也不想做什么研究，您觉得这些课堂观察的方法对我们真的那么重要吗？"

"当然重要，毕竟课堂观察是课堂研究的起点嘛！"陈老师说："不过，你的这个表格可能对我们一线教师来说有点复杂。我这里有张表，你看一下怎么样？"说着李老师拿出一张课堂观察记录表。陈老师说："这是专门观察学生学习水平的表格，我觉得像你这种观察新手，用这种有针对性的表格可能容易一些。"

李华看了看，点点头："看起来这表格的确挺好的，我下次就试试看。"

下面就是陈老师给李华的表格：

表1-1　课堂观察记录工具：课堂学生学习效果观察记录

观察者_____　　观察日期_____　　观察时间_____

观察班级_____　　学生人数_____　　课程名称_____

序号	姓名代码	学生回答				教师的反馈									
		+	+-	-	0	++	+	0	-	--	提供答案	进行解释	问其他人	其他问法	重复提问	提供线索	新的问题
1															
2															
3															
4															

表 1－2

说明： 学生的回答

+	正确	教师认为学生的回答正确，十分满意。
＋－	部分正确	教师认为学生的回答只是部分正确，或者虽然正确，但回答不完整。
－	回答错误	教师认为，学生的回答完全不正确。
0	没有回答	学生没有回答，或者说"不知道"。

表 1－3 教师的反馈

＋＋	称赞	教师对学生的回答称赞有加，表扬方式或者用诸如此类的口头表达"太好了""很好"。
＋	肯定	教师只是肯定学生回答正确（点头、重申答案，说"是的""可以"）。
0	没有反应	无论学生如何回答，教师都无动于衷，他在关注其他的事情。
－	否定	教师只是提出学生回答错误（摇头、说"不是""不对"）。
－－	批评	教师对学生的回答提出了批评。批评有两种方式，或者是语言，或者是态度和肢体动作。
	提供答案	教师做出了回答，给学生提供了正确的答案。
	进行解释	教师在回答后进一步解释，进行了回答正确或者错误的分析。
	问其他人	教师问另一个学生。
	其他问法	其他同学进行了回答（其他同学讲出正确答案，老师表示肯定）。
	重复提问	教师重复问这个问题，或者用其他指示语问一个问题。
	提供线索	对问题进行解释或者提供线索，使得学生容易回答。
	新的问题	教师提出新的问题，比如一个完全不同的问题让学生回答。

选自《教师观察力的培养：通向高效教学之路》

【点评】

"外行看热闹，内行看门道。"听课不仅仅是一个熟悉教学环境的过程，更是让新教师理解实践性知识的方式。然而，课堂教学涉及多方面因素，如果没有专业化的听课工具的帮助，教师受自己认知特点的限制，能看到的东西比较有限，因此我们鼓励新教师们采用科学的课堂观察工具，以课堂观察为起点，研究课堂，研究教学。无论是专业硕士还是传统的学科硕士，都不能满足于仅仅当一名教书匠，而要在教学实践中研究教学，改进教学。研究不仅是专家的事情，也是教师自己的事情。

五、为什么要做课堂观察？

课堂观察，就是通过观察对课堂的运行状况进行记录、分析和研究，并在此基础上谋求学生课堂学习的改善、促进教师发展的专业行动（沈毅：崔允漷，2009）。作为专业化的听课活动，课堂观察要求观察者带着明确的目的，凭借自身感官及有关辅助工具（观察表、录音录像设备），直接（间接）从课堂上收集资料，并依据资料做相应的分析、研究。

2008 年颁布的《国际汉语教师能力标准》中 10.1 强调要培养教师反思的意识和能力，而反思的前提就是能够观察到各种现象。如果根本关注不到，反思也就无从谈起了。因此，新教师们应该有意识地培养自己的课堂观察能力。

课堂观察看起来很简单，其实并不容易，梁新欣（2008）就发现新教师在进行课堂观察时，"有种不知从何观摩起的茫然"。而职前教师受到自身认知特点的局限，他们对于课堂的观察面是很有限的，往往集中在教师身上，对于学生，课程，课堂文化等几乎不予关注。我们发现，很多新教师在课堂观察后写的观察笔记都是非常笼统和宏观的，缺乏深度。其原因并非是新教师没有认真看，而是他们没有"看到"。

为了提高职前教师的课堂观察效果，有必要为他们提供一些专业化的课堂观察工具，指导职前教师有意识地扩大自己的观察视野。沈毅和崔允漷（2009：85）指出"课堂是错综复杂且变化多端的，要观察到课堂里发生的每一件事情是不可能的；但是如果我们不知道在找寻什么，就看不到更多的东西"。专业的课堂观察工具犹如一个个灯塔，指引着新教师们深入仔细地研究课堂教学。

目前国外的第二语言教学中也有一些现成的观察工具，比如 COLT、TALOS、FOUCS 等，但是在实践中，这些工具对于新教师来说使用并不方便。首先是因为这些表格都比较复杂，新教师要想很好地使用这些量表，必须经过一段时间的训练。第二是现在很多现成量表比较注重观察教师和学生的显性行为，而忽视了课堂的环境和文化。教学的成功与多方面因素有关，如果只是观察教师和学生的显性的行为，还不足以帮助新手教师充分理解教学的复杂性和多样性。

Ruth（1992）针对语言教师（英语教学）提出了一系列的观察任务（Observation Tasks），其中包括观察"学习者""语言""学习""课程""教学技巧和策略""课堂管理""教学材料和资源"七个方面，而在每个观察维度下，又有若干个观察点，这是一个比较好的观察框架。不过，Ruth 的观察任务更多的是定性的观察。在案例中，李华使用的鲍里奇（2006）的观察量表则是定量的。我们建议教师们可以在日常听课中将定性观察表与定量观察表结合起来使用。

有的学校将用来评估教师教学的听课记录表格给实习教师使用，我们觉得这是不合适的。因为这样的评估表格中，有对教师的教学行为进行打分的部分，如要求听课者针对"备课认真充分，教学内容娴熟，上课感情投入"判断教师是否"优秀、良好、一般"。这样的表格适用于专家教师对教师的评估，而不适用于教师学习，特别是不适合新教师使用，因为他们还不能很好地把握教学有效性的标准，往往只能从一些外部的特征（如学生的反应等）来判断。而且这样的打分式的课堂观察背离了我们用于课堂学习的目的，事实上，课堂观察更多的是收集材料，而非评价。

使用专业化的课堂观察工具的另一个好处就是可以克服多次听课以后产生的"无聊感"。在刚开始听课的时候，由于感到新鲜和新奇，新教师听课都比较认真，随着听课次数的增多和对教学流程的熟悉，新教师们很容易出现听课的"疲劳症"。而有了不同的观察工具，职前教师们可以从不同角度对课堂教学进行观察，对课堂教学会有新的体会和认识。

使用课堂观察工具也是研究课堂的起点。很多新教师一谈到课堂教学研究，就会想到"教学实验"。实际上，课堂教学的特殊性决定了"实验性"的研究并不容易进行，更多的是描述性的研究或者准实验性的研究，这时候研究者的课堂观察就是数据收集的一个重要手段。

◆━━━━━━◆━━━━━━◆

参考文献

Wajnryb, R. (1992) *Classroom Observation Tasks: A Resource Book for Language Teachers and Trainers.* Cambridge University Press.

鲍里奇（2006）《教师观察力的培养：通向高效率教学之路》，中国轻工业出版社。

陈大伟（2006）《怎样观课议课》，四川教育出版社。

陈瑶（2001）《课堂观察》，教育科学出版社。

里德、贝格曼（2009）《课堂观察、参与和反思》，伍新春、夏令、管琳译，教育科学出版社。

梁新欣（2008）如何从观摩课堂教学学习教学技巧 How to Learn Teaching Techniques from Classroom Observation, *Journal of Chinese Language Teachers Association* 第 1 期。

刘弘（2012）对外汉语职前教师课堂观察与分析能力研究，《世界汉语教学》第 3 期。

沈毅、崔允漷（2009）《课堂观察——专业化的听评课》，华东师范大学出版社。

夏雪梅（2012）《以学习为重心的课堂观察》，教育科学出版社。

| 第二课 |

如何备课

【案例1】 有什么好准备的?

听了一个星期的课,李华对教学已经多少有了点"感觉"。下个星期,他们这些实习生就要给留学生们正式上课了。一想到要正儿八经的给那些跟自己年龄差不多的人当老师,李华心里一阵激动:"我一定要好好备课,使自己成为一名受学生欢迎的好老师。"

李华被分配到初级2班上课,由一位四十多岁的女老师——张老师负责指导。张老师告诉他要准备第八课的教学,因为下周正好要教这课。

下午,李华一个人在学校的资料室备课。李华以前在学校学习的时候也写过教案,不过那个是"课堂教学"的一个作业,那个时候他们几个同学组成一个小组合作完成了那份作业。记得当时他们选了《中级汉语》中的一篇课文,那篇课文生词和语法点特多,他们几个同学分工合作,有的人负责解释语言点,有的人负责设计活动,李华当年的工作是负责解释词汇。李华清晰地记得自己当年为了这篇课文的60多个生词,查了好多词典,还特别精心准备了很多近义词辨析,设计了相应的辨析练习,足足有五六页纸呢。今天的备课和当年最大的不同就是完全要自己独立准备一份完整教案，而且在下周的课上，就得按照这份教案去上课，那可不是开玩笑的！

虽说不是头一遭备课，可是李华今天还是觉得自己遇到了麻烦。最大的问题就是，他不知道有什么好准备的。他花了 15 分钟，就已经备好课了。他觉得这可能不行。这次课文是《基础汉语 40 课》第八课"我们的宿舍"：

我们的宿舍

我们的宿舍是一座十五层的楼房。里面的房间很多，有两百多个。每个房间住两个人。每层楼都有洗澡间、洗衣房和厕所。一楼还有一个咖啡厅。

我和皮尔住十一楼 1107 号房间。我们的房间不大，很安静，也很干净。房间里面有两张床，两张桌子，两把椅子，还有一个书架和一个大衣柜。床和衣柜在门的旁边，桌子和书架在窗子的旁边。

宿舍的旁边有食堂和商店。我们的生活很方便。

生词表

1 层　　2 楼房　　3 房间　　4 多　　5 每　　6 住　　7 楼　　8 洗

9 洗澡　　10 洗澡间　　11 洗衣房　　12 厕所　　13 咖啡厅　　14 安静

15 干净　　16 张　　17 床　　18 把　　19 椅子　　20 书架　　21 衣柜

22 门　　23 窗子　　24 食堂　　25 商店　　26 生活　　27 方便　　28 怎么样

看了课文，李华心里犯了嘀咕：课文内容这么简单，基本上是一篇流水账，主要内容是介绍学校的环境，也没什么趣味性。怪不得留学生常常说我们的课文没意思。要教的生词很多是名词，像"房间""椅子"之类的，有什么好教的？学生念一下不就知道了吗？学生语言水平很低，词汇量很少，没什么近义词需要辨

析吧？课文也没什么特殊的含义，没什么中心思想好分析，也没什么段落大意要概括，更找不出什么"微言大义"。这有什么好准备的呀？

李华把课文念了一遍，在自己的备课本上写了以下的几行字：

教学顺序：生词讲解→语法讲解→语法练习→学习课文→布置作业

语法点：（1）"在"字句：电视机在桌子上。

（2）"有"：房间里有一张桌子。

李华对着这几行字看了好几遍，又看看《第八课》，心想："也只能这样了。好像张老师的书上也只有一些零星的笔记，听课的时候发现好像张老师也没有备课本呀。而且以前上理论课的时候，老师说要以学生为中心，所以我还是上课以前，问问学生想学什么，再调整吧！"李华决定要回宿舍了。

张老师过来了："李华，你备好课了吗？给我看看你备得怎么样了。"

"差不多了吧！"李华不好意思的把那张备课草稿纸交给张老师。

"哦，"张老师皱了一下眉头："备得挺简单的。你打算怎么教生词呢？"

"我打算先让学生自己朗读一下生词，反正他们都学过拼音了，就当检查一下他们拼音学习的效果，然后解释一下词语的意思，接着让同学们把每个词汇都造个句子，看看他们会不会用，最后问问学生有没有问题，要是有我就回答一下，没有就学课文和语法吧。"

"课文怎么处理呢？"张老师继续问。

"也是一样，先领读一遍，然后让他们自己读一遍，然后我问几个问题，看他们懂不懂，要是不懂我就解释一下，如果懂了我就开始教语法。可是这些语法好像也是很简单的，没什么值得我讲解的嘛。张老师，我没有准备过这么简单的课文，真不知道该如何下手备课。"

"好吧，"张老师说，"那么我来稍微介绍一下备课的要求吧！"

【点评】

新教师在第一次备课时普遍会产生"不知从何下手"的困惑。还有的新教师常把教学成功的希望寄托在学生身上，李华就是这样。他一直说

"看看学生有什么问题"，可他自己对于学生会有什么问题却没有任何"预设"，缺乏有效的课堂预设自然就不会产生有效的课堂"生成"。

一、备课一般有几步？

备课是教学准备工作中最重要的环节，其重要性无须多言。然而，绝大多数对外汉语教材都没有配备教学参考书，需要独立进行备课。因此，新教师应该掌握备课的一般步骤。

1. 尽可能多了解学生的基本情况。

我们之所以把了解学生情况放在第一步是因为学生是学习的主体，如果教师不了解学生的特点和需求，所有的教学准备都是无的放矢。尽快熟悉学生的情况能够帮助新教师们有效地进行教学设计。那么有哪些途径可以帮助教师了解学生的情况呢？

如果新教师正好在这个班级实习，那么平时的观察很重要。实习教师进入实习学校后，一般都有一段时间是处于"见习期"：平时听课，帮助指导教师批改作业、帮助教师组织教学等，因此有很多机会去观察学生的表现。观察的时候不仅要注意学生的语言水平，也要尽可能多了解诸如国籍、性格、爱好等其他情况。

授课班级以前由别的老师教过，那么跟那位老师交流一下也很重要。教学经验丰富的老师能够提供很多相关信息，给新教师们提供一些有益的建议。比如班级里是否有同学总是喜欢"表现自己"，每个问题都抢着回答，了解那个老师是如何处理这个情况的。如果找不到原先执教的老师，也可以问问负责教学的领导或者项目协调员。一般负责教学的领导或者项目协调员通常有机会看到学生的教学评估表，能比较全面地了解学生的需求和意见，所以向负责教学的管理者了解自己学生的情况也是一个好办法。

国际汉语教学中经常遇到的情况就是教师没有机会事先认识自己的学生，很可能新教师们上课的时候才能第一次见到学生，而且很可能负责教学的领导或者项目协调员对学生也没有太多的了解（比如在短期项目中）。此时了解学生的办法就是先看学生的申请入学资料。无论是短期还是长期留学生一般都会在申请表格中填写自己的学习经历。现在很多学校还要求学生专门填一张"语言能力自评表"，学生会在这张表里说明自己的一些情况，包括是否是华裔，有没有上过专门的中文课程，所用的教材和参加过的考试等。通过阅读这些资料，新教师对学生的情况会有一个初步的印象，以便在备课的时候考虑这些因素。当然随着教学的进行，教师对学生的了解会进一步深入，可以根据学生的特点来及时调整自己的教学设计。但无论如何，尽快熟悉和了解学生的基本情况都是十分重要的。

2. 了解该课程的教学计划和总体要求，翻阅教材，做到"瞻前顾后"。

很多新教师在备课的时候只看他要上的这一篇课文或者这个单元，这也是有问题的。教学是一个整体，教材只是实现教学目标的重要资源之一，不是唯一资源，而某一课更只是其中的一部分，并非全部。如果在备课时，只翻阅要上的这一单元或者这一篇课文，就会出现"只见树木，不见森林"的情况，缺少对教学的宏观理解和把握。如果缺乏对教材的宏观了解，新教师很容易该教的部分没好好教，而不需要多教的部分却花了很多时间。因此在正式准备之前，通读教材，了解该课程的总体目标也是必须的。

新教师首先要通读所教课程的课程说明。课程说明一般包括该课程的教学要求和教学目标等比较综合的内容，可以是学校或者语言项目已经规定好的，也可能是由其他教师制作的。课程说明往往会跟某个语言能力标准相联系，告诉学生学完某一课程可以达到什么水平，或者掌握多少词汇和语法。以往国内编写的对外汉语教材多根据旧版汉语水平能力标准来编写，而新教材则多根据新的"国际汉语能力标准"来编写，海外教材多根据当地的外语教学标准来制定，因此熟悉这些标准的具体要求对于教师备课是十分重要的。

新教师还要通读教材。在实践中我们发现很多新教师只是把教材简单浏览一下，而没有认真分析教材背后隐含的思路，这不算是通读教材。教师除了开学之初要通读教材，教学中也要经常往前往后翻阅教材，将以前学生学过的内容设计到自己教学中来，以更好地帮助学生掌握语言。

3. 仔细阅读教材，确定教学的重点与难点。

在缺乏教学参考书的情况下，需要教师本人来确定教学的重点和难点。所谓重点，就是指根据教学目标和教材所确定的特别需要而加以训练的方面，难点则是教师预计学生在学习中会产生困难的地方。能够准确地判断出教学的重点和难点是教师的基本素质。

新手教师确定的重点和难点，有时候过少，即没能看出课文中需要教学的部分；有时候则过多，把很多不必要的点也纳入到教学重点中去。因此，准确判断教学重点难点是备课的一个重要任务。

为了能够确定好重点难点，新教师可以向老教师和教学负责人咨询，他们常会给出非常有用的建议。如果新教师需要独立进行判断，那么也可以通过阅读"语言点注释"和"练习"版块来综合判断教学的重点和难点。一般来说，"语言点注释"版块（包括语法说明和重点词语例解）都涵盖了编者认为需要重点讲解的内容，也可以认为就是教学中的重点和难点，而"练习"中出现的语法和词汇训练，包括各种活动都可以看作是教学目标的体现，也可帮助教师确定教学的重点和难点。

4. 正式撰写教案。

对外汉语教学的教案最重要的是两方面的内容：第一是教学内容的准备，第二是教学流程的设计。现在出版了很多示范教案，新教师在撰写时可以参考。比如：

《对外汉语课堂教案设计》，吴勇毅主编，华语教学出版社

《对外汉语教学示范教案》，张和生、马燕华主编，北京师范大学出版社

《对外汉语综合课优秀教案集》，崔希亮主编，北京语言大学出版社

另外在一些对外汉语教学专业教材中也提供了一些教案，可供参考，例如：

《对外汉语教学初级阶段课程规范》，王钟华主编，北京语言文化大学出版社

《对外汉语教学中高级阶段课程规范》，陈田顺主编，北京语言文化大学出版社

《对外汉语教学导论》，周小兵等主编，商务印书馆

《对外汉语教学理论与实践》，杨惠元著，北京语言大学出版社

教案是给教师教学用的，而不是光给人看的，因此新教师们在备课时应该把教学内容的准备和教学流程的设计结合起来。例如在进行词汇教学时，光准备一个例句是不能应付教学实际的，必须考虑如何去教这个词汇。比如某位新教师要教"桌子"这个词，他第一次备课的时候，仅仅在备课本上这样写：

桌子 table

（给出例句）教室里有一张桌子。

这样的准备对于教学来说没什么用，因为如果教师仅仅是举一个"桌子"的例句对于学生掌握这个词汇没有实际作用，学生最多只是增加了一点对这个词的印象而已。这位教师第二次备课就做了一点改变：

桌子：（手指着桌子）桌子！

（指两张桌子）两张桌子（让全班跟自己一起说）

（给出例句）　教室里有五张桌子。

（提问）　教室里有几张桌子？

（提问）　你宿舍里有几张桌子？

（提问）　他房间里有几张桌子？

这样的备课不仅仅是准备了一个例句，同时也考虑了如何进行教学（此处显然教师希望通过提问，让学生回答，说出这个词汇）。备课中不仅考虑了"教学内容"，也考虑了"教学方法"，这样的备课才能真正在教学中发挥作用。有经验的教师常常说，在备课时要考虑的不是举哪个例子，而是要问什么问题，这是很有道理的。因为从某种意义上说，准备提问正好兼顾了教学内容和教学方法两方面。

在备课中，教师经常会发现需要补充或者调整教材中的练习，还会考虑布置哪些作业、是否需要再制作一些补充讲义等。总之，现代的语言教学不再"以教材为中心"，教师完全可以根据教学目标来选择合适的教学材料用于教学。

5. 制作相应的课件，并且进行板书设计。

进入 21 世纪的对外汉语教学应当充分利用一切现代化的成果。虽然有很多优

秀的教师无需多媒体也能达到很好的教学效果，不过我们还是建议新教师适度使用多媒体，因为这能够改善教学效果。据说使用 PPT 教学的教师的教学评估会比较好，因此新教师若想在班级中"站住脚"，就应该充分利用科技的帮助。当然教学媒体的应用也要注意合理、适度，如果过分使用，也会带来适得其反的效果。

板书设计也是备课时应当考虑的。新教师如果没有事先做好计划，常常会出现板书写得到处都是的情况。一般我们可以把黑板/白班分成左中右三个区域，分别规划如下：

左边 本节课的教学重点难点	中间 教师临时的板书	右边 布置的作业

黑板左边的部分写教学重点难点，教师要预先考虑好写哪些内容，因为写得太多，会给学生太多压力，而写得太少，又不能充分发挥作用。而如何能写得言简意赅，也是教师需要琢磨好的。

【案例2】 syllabus 和 weekly plan 是什么？

听完了张老师的一番话，李华明白了应该如何下手去备课，不过自己要教的那个班到底有什么要求，还是不太清楚。张老师看出了李华的困惑，从抽屉里拿出几张纸，交给了李华，李华一看，原来是一份课程大纲。

"这是我写的课程大纲，你备课的时候可以参考一下。"张老师说，"其实如果你真的教学，应该要先写一份 syllabus（课程大纲）和 weekly plan（周计划）的，这样在写教案时会更有针对性。"

"syllabus 和 weekly plan 是什么？我没有写过，也没听说过。"李华急切地拿起来仔细地读了起来。读了一会儿,李华突然想起以前教英语的外籍教师好像在开学之初给学生们发过这种东西,可是自己和同学们好像也不怎么看。"张老师,你觉得课程大纲和周计划有用吗?"李华问。

"当然有用。"张老师斩钉截铁地回答,"对于教师来说,写课程大纲和教案一样重要。我们一般是在开学之初就先写好课程大纲,同时把两个星期的周计划也做好,一起发给学生。做这种东西不仅因为学生要看,对你自己教学也有好处。我刚来这个学校教书的时候,也不怎么写课程大纲,于是经常出一些问题。比如学生经常来跟我讨价还价,比如他晚交作业了,希望我不要扣他的分数,要是我坚持扣分,他会说老师没说过,或者不记得老师说过,一直跟你纠缠不清。如果老师耳朵很软,心肠太好,同意不扣他的分数,结果又有别的同学跑来跟我说不公平,弄得我左右为难。现在如果有学生这样,就很简单了,我只要把课程大纲拿出来给他看,学生就知道了,没什么话就走了。课程大纲里面把上课的具体要求,比如分数构成,包括作业的内容都列出来。我通常打印出来,人手一份,学生看得很清楚,什么时候交什么作业,要预习什么功课,都清清楚楚。"

"可是,教学是多变的,会不会出现进度太快、太慢,或和你的课程大纲不一致的情况呢?"李华还是有点疑惑。

"当然有的,所以一方面你要留好余量,另一方面你也可以过一段时间再把修改过的周计划发给学生,学生就会根据新的计划来做了。做课程大纲最大的好处就是让你在开学之初,就已经对整个学期的总体目标有了考虑,这样即使出现调整,你也能够考虑如何在保证总体目标的前提下适当调整教学,这样的调整更有针对性!"

"我明白了!"李华高兴地说,"我现在就认真读一下,然后再来写教案吧。"

【点评】

目前很多语言教学项目都会要求教师写课程大纲,刚开始的时候,新教师们普遍觉得很麻烦。但是如果教师坚持每学期写，就会发现它有助于教师充分利用教学时间，有效组织各类教学活动。如果新老师们想看更多的课程大纲例子，可以去找大学中文项目或者教师的个人主页，很多教师都把自己的课程大纲放在网上供学生了解。

二、怎么写课程大纲？

在国际汉语教师培训中，新教师们练得比较多的是为一篇课文写一份完整的教案，可是在实际教学中，教案必须要和教学时间结合起来考虑，也就是说，教师不仅要考虑怎么教，同时要考虑花多少时间来教，哪天教。这样，传统的教案就显得不足了。为了帮助新教师更好地把握教学，我们建议教师以撰写"教学计划"的形式来对教学做出规划。一般来说，教师需要写三种教学计划，分别是课程大纲（syllabus），也就是学期计划，二是周计划（weekly plan），三是每日计划（daily plan）。

我们建议新教师们在职前培训中都应试着写一份课程大纲，因为它能够帮助新教师从整体上把握一个学期的教学要求和课程进度，帮助教师从宏观角度来认识自己的教学。

课程大纲实际上是一种学期计划。教师需要对整个学期的教学做出系统的安排，确定本学期的教学目标，初步设计好期末的评估方式。课程大纲多半在开学之初就已经撰写好，在开学的第一天就要发给学生。教师一般在上课的第一天向学生介绍教学的基本情况和要求，让学生能清楚教学要求。从某种程度上说，课程大纲好像是一份师生之间的"教学契约"，如果学生没有达到教师的要求，教师可以遵循"教学契约"对学生进行处理。

课程大纲包括以下几个部分：

（1）课程的基本信息。除了说明课程的名称（比如是初级口语课，还是中级精读课），班级编号等，还应当包括本课程的教学目标，一般的表述形式是"学生学完了本课程以后，可以用汉语做哪些事情"，"达到《国际汉语能力标准》中的哪个级别”或者“学完本课程之后，可以掌握多少词汇”等。学期教学目标的设定对于教学有着重要的意义，它直接影响了教师评估方式的制定，新教师在撰写这部分内容时应该认真思考。

（2）教师的基本信息。包括授课教师姓名，教师的联系方式，上课的时间和地点，课后安排辅导的时间等。

（3）教材的基本情况。包括教材的名称，主要特点，本学期要学习哪些课文。这里的教材是个广义的概念，除了正式的课本之外，还包括其他辅助资源，例如网站或者教师提供的辅助阅读材料等，都可以在这部分加以说明。

（4）教学的基本要求。这是课程大纲比较重要的部分。包括分数构成、对作弊的处理等方面。其中分数构成和要求是教师特别要考虑的方面，因为学生都对分数比较敏感，所以教师在这部分要特别详细地解释分数的构成比例，扣分的原则和标准，诸如迟到是否要扣分，什么情况下可以不扣分，作业迟交要扣多少分，积极发言可以得到多少分等。新教师在制定这部分规则时可以向老教师咨询，因为老教师遇到的情况比较多，常常会给新教师很多有益的提示。新教师自身也要注意在日后的教学中积累这方面的经验。在制定这部分规则时也要参考学校或者项目的相关规定，避免出现自己的规定与校方的规定相矛盾的局面。比如有的学校或者项目会给学生一次无理由请假的机会（即学生请假无需出示医生的证明），而有的则规定即使有医生的假条，还是会扣一定的出勤分；有的学校规定三次缺勤就失去考试的资格，而有的则规定三分之一缺勤才失去考试资格，等等，这些要求都必须在课程大纲中写清楚，执行起来才会有力。

（5）教学进度表。一般教学进度表主要是说明这一周的教学内容，而课程说明中的进度表最好还包括那天的预习任务和作业要求，并且安排好测验和考试的时间。第一次做的教师可能会觉得这很繁琐，但是这样能帮助教师更合理地安排教学时间，因为有了这样一份学期教学进度表，教师就可以清楚地看到各种教学活动之间安排的时间间隔是否合理。以语言实践活动为例，新教师常常突发灵感，打算组织一次语言实践活动，结果发现时间仓促，组织活动的困难很大，结果只好放弃，而有了这样的进度表，教师可以事先就思考应当在什么时候插入一些语言实践活动，如果要组织，什么时候可以开始准备等细节，就不会出现到时候手忙脚乱的情况。当然，事先安排的教学进度总是会受到多方面的影响，教师可能需要对原有的教学进度做出调整。在调整的时候，参考学期教学进度表来统筹安排也是很重要的。

总之，撰写课程大纲绝不是可有可无的工作。它帮助教师从一个更高的角度来看待教学工作，帮助教师从整体上来思考一个学期的工作该如何去做，否则教师们很容易陷入到每天繁琐的日常教学工作中去，而忽视了整个教学体系。

三、怎么写周计划和每日计划？

从教学设计的角度来说，教师先得确定好一个学期的教学目标，然后再考虑如何来安排一个学期的课程。一个学期是很"漫长"的时间，教师们需要把学期分成几个教学阶段，比如期中考试之前如何，期末考试之前如何。为了保证教学质量，很多学校和项目都有单元考试（unit test）的要求，一般是1—2周就会举行一次单元考试，检测教学的效果。于是，教师常常会根据单元考试的要求来组织1—2周内的教学工作，也就是得撰写周计划和每日计划。

周计划主要是对一周或者若干周的教学活动做出具体安排。虽然课程大纲中常常附有一个进度表，但是，这是在开学之初就做好的，此时教师对于学生的具体情况、教学中的具体情况还不是很清楚，多少带有一些理想成分，而周计划是提前1—2周做的，比较符合教学的实际情况。

很多教师觉得已经有教学进度表了，似乎没什么必要再撰写周计划了。周计划与教学进度表的区别不仅仅在于前者更清楚地确定具体教学内容，更重要的是，周计划应当确定这几周的教学目标。教师确定了这个阶段的教学目标，也就确定了单元考试的形式和数量，这对于保证教学的有效性至关重要。我们鼓励提前两周把周计划发给学生，这样既有一定的提前量，又能够比较符合教学实际情况。

周计划一般由三个部分组成：日期，当日的教学任务，当日的作业和其他要求。

周计划不仅可以帮助教师把握短期的教学目标,也可以帮助学生逐步了解教学常规,比如周一做什么,周二做什么;每篇课文的学习都是先要学习生词,做一些生词活动,然后是学习课文,回答问题等。看了周计划学生就能比较清楚地知道一个单元或者一篇课文一般的教学流程,避免他们总是猜测"老师明天来会让我们做什么呢"。

教师制定好周计划以后,自然就要开始考虑具体某一天的教学安排,也就是我们所说的每日计划。每日计划的写法与传统教案比较类似,主要有以下几个部分:

(1)教学目标。确定这一天的教学目标是教学有效性的保证。教师要仔细考虑在这堂课后希望学生掌握什么,在教学结束后,教师也可对照检查是否达到了预设的目标。

(2)必要的材料准备。教师需要考虑有哪些教学资源可以在课堂上利用,除了课本以外,是否要准备图片、视频资料等。

(3)开场白和热身活动。学生进入课堂后,需要有一个短暂的过渡(几分钟)才能进入比较好的学习状态。对新教师来说,需要设计一下这段时间说什么。比如问候一下,问一下昨天的作业之类。有的教师在这段时间安排听写生词,以督促学生准时上课,并且迅速进入学习状态,这也是一种很好的做法。

(4)复习活动。在开始学习新课之前,教师需要花一定的时间来做复习,这既可以检测学生,鼓励他们认真复习,也是为新课教学做必要的准备。

(5)新课的教学活动。主要由三个部分组成:教学流程;具体的教学活动项目和学习任务设计;评价方式。

(6)替代性活动:学生之间的水平和能力存在一定的差异,备课时要考虑到这种差异性。特别是随着任务型教学法的兴起,课堂中"游戏""活动"的时间大大增加,于是经常出现有的小组完成很快,有的小组完成很慢的情况。因此教师在备课时要考虑好有哪些替代性活动可以供水平较高的学生使用,或者如果时间不够,那么如何对原有的活动计划进行调整或删改。

（7）作业安排。除了说明具体的作业内容，尤其要说明作业提交的方式和截止时间。

（8）板书设计。

传统的对外汉语教案一般是以"课"为单位来进行设计的，一课包含了若干个课时，教师分别对每一课时进行设计和组织。而且传统的教案多以课本为核心来进行设计。而周计划和每日计划的形式能够兼顾教学大纲、教材和教法等多方面因素，对教师的日常教学来说更有用。

对教师来说，制订好周计划和学期计划以后不能丢在一边就不管了，还是要经常看看，反思自己有哪些地方做得比较好，哪些地方还不够，同时教师也要尽可能按照已经制订好的计划来进行教学，不要随意更改。教师平时还要注意搜集相关资料，同时把上课中出现的问题和自己要反思的地方记录在备课本上，供下一次备课参考。

四、备课时要注意什么？

新教师在备课时，需要注意以下问题：

1. 不要直接拷贝他人的教案，也不要直接照抄教师用书或词典。

为了便于教师备课，有些学校在内部网络上提供了其他教师的备课稿，还有一些教材出版了相应的《教师用书》，于是有一些教师认为，既然是相同的教学内容，把人家的教案直接拿来用就行了。这种想法和做法都是错误的。由于学生情况、教学环境、教师自身等都处在动态变化中，直接拷贝他人的教案无助于教师本人的教学，有时甚至是有害的。还有一些项目和学校搞"集体备课"，有的教师也将集体备课的成果原封不动地搬进自己的课堂，没有结合本班学生的实际情况，这种做法同样也不行。

2. 重视教学目标的设定，并据此确定教学重点。

很多教师觉得写教学目标很费事，也似乎没什么用，其实教师只要不断地实践，就会缩短撰写教学目标的时间，而教学目标的确定对于教学有着非常重要的意义，它能帮助师生了解教学活动要达到什么样的结果，比较具体地告诉学生在学完一个指定的教学单元之后能够做哪些事情。因此"磨刀不误砍柴工"，付出是值得的。下面我们给出一个例子，供新老师参考：

语言功能目标

听 & 说：（1）能打电话，接听电话；

（2）能就约会的时间进行协商；

（3）能使用简单的礼貌用语。

读：（1）能从日程表上获取必要信息；

（2）能从电话留言条上获取必要信息；

（3）能阅读并理解本课课文。

写：能写一个电话留言；能写出本课的汉字。

语言要素掌握目标

词汇：

（1）学习词汇：喂，我，您，是

（2）学习动词：给，打，在，等，开会，考试，上课

（3）学习量词：位

（4）学习时间词语：上午，下午，有空儿。（learn time words, such as shàngwǔ, xiàwǔ, yǒu kòngr）

（5）学习礼貌用语：要是方便，没问题

（6）学习如何使用副词：再

语法：

（1）学习"想"和"要"的区别

（2）学习动词"给"和介词"给"的区别

（3）学习如何使用"要是"

姜丽萍《对外汉语教学论》的第四章和崔永华《对外汉语教学设计导论》的第六章对如何撰写某一课的教学目标做出了详细说明，新教师们可以参考。

一般的教学目标设定主要根据教材，而学期计划和周计划中教学目标的设定

需要结合课程标准和语言能力大纲。现在国家汉办的《国际汉语教学通用课程大纲》就是这样的一个课程标准。课程标准往往比较宏观、抽象，不可能直接运用到日常教学中，因此教师需要对课程标准进行分解和细化，以适应日常教学的需要。分解和细化的过程也是分层次和分步骤进行的，首先是要把课程标准与本学期的教学目标相联系，确定本学期最终要实现的目标，也就是学期计划中的教学目标。例如我们可以假设学完了一个学期的学生能达到《国际汉语教学通用课程大纲》中的三级标准，那么本学期课程的最终目标就是"学习者能理解与学习、生活相关的语言材料，可以运用较为复杂的句型，就熟悉的题材进行沟通、交流与描述，可以组织简单语段。"

一旦学期的教学目标确定下来，教师就需要考虑把这个目标与本学期的教学内容相结合，根据学生的具体情况，来确定一个单元或者某几周的教学目标。下面是一个关于"饮食"的课文的教学目标设计（结合第三级标准）：

（1）能从所给文章中获取有关饮食习惯的信息。

（2）能通过口头交流分享所获取的信息。

（3）能使用表示同意和反对的相关语句，讨论"饮食与身体健康的关系"。

（4）能够使用学到的知识，帮助同学制定一份健康食谱。

对外汉语教学的某一篇课文并不是只用一个课时就完成，往往要好几个课时。因此，教师在进行教学目标设计时，除了对整篇课文做出教学目标设计，对其中每一节课或者每一个活动，也应该进行目标设定。这些具体的活动，可能是一个单一的目标（例如根据老师的要求说出这个词汇），也可能是含有多个目标（例如，听后说明自己的看法，则包含了听和说两个目标）。由此可见，整个的教学中，教学目标是多层次的，既有比较宏观的学期教学目标，也有中观的单元教学目标，还有微观的具体教学任务和活动的目标。

与确定教学目标同样重要的是确定教学重点。有的教师在备课时不是根据教学目标和学生的具体水平来确定重点难点，而是根据自己的教学经验来确定。我们发现有的新老师由于一直教初级班学生，即使在教中高级班的时候，也会不厌其烦地将很多基础知识作为备课重点。例如一位教师在准备《汉语口语速成》（提高篇）第十课的教案中，其准备的教学语法重点是以下 6 个：

(1) 到底

(2) 了的用法

(3) 太

(4) 对 VS 对于

(5) 还 VS 更

(6) 把 VS 被

关于"太"的教学包括以下方面：

(1) 程度过头，用于不好的事/谦虚

　　例：你太夸奖了。你太客气了。

(2) 程度高＝非常

　　例：太好了！

(3) 太＋不＋形容词/动词

　　例：你太不应该这样了。

(4) 不＋太＋形容词/动词 表示语气委婉

　　例：不太好。不太满意＝有点儿不满意

这六个教学重点中，像"太"这样的语法点对于学习《汉语口语速成（提高篇)》的学生来说，没有必要花很多时间去讲解和练习。这位新教师可能凭自己以往的经验认为这个是教学重点，但是考虑到教材的特点和总体教学目标，教师不应将其作为教学重点。

3. 要重视例句的编写。

为了帮助学生更好地理解词汇和语法，教师需要准备一定的例句，这也是教师备课中不可缺少的环节。有的老师直接从词典中摘抄例子，但是这样的例句常常出现过难的词汇，直接把这样的例子告诉学生并不合适。大部分情况下，国际汉语教师需要根据学生具体情况编写例句。

编写例句看似简单，其实并不那么容易。首先教师要有语法意识，不能简单罗列句子，而要把这些语言点在例句中体现出来。如果例子很多，但是最典型的语法结构没有出现，这样的例句设计就不成功。比如下面这个例子：

词汇：吐痰

教师举例：

(1) 随地吐痰是非常不好的。

(2) 我们不应该随地吐痰。

教师提问：想吐痰应该怎么办？

在这里，老师举了两个例子，但是"吐痰"是一个离合词，因此像"吐了一口痰"这样带有典型句法特征的例句应该向学生展示出来。

有些语法结构，本身包含多种形式，教师在举例时，也应尽量逐一呈现出来。下面这个设计对于"不仅……而且……"的用法，就展示得不够。

操练目标：不仅……而且……

教师举例：

(1) 他不仅学习了日语，而且学习了英语。

(2) 这家饭店不仅有好吃的中国菜，而且提供好喝的中国茶。

(3) 很多中国朋友，不仅喜欢韩国歌手，而且喜欢韩国电视剧。

虽然教师举了 3 个例子，数量上并不算少，但是仔细分析，发现都是两个分句为相同主语的情况，而"不仅……而且……"经常也有两个分句主语不同的情况，因此，需要再给出一些类似于"不仅 A……，而且 B……"结构的例句，这才算比较完整①。

编写例句还应该将这个结构的语用特征展现出来，很多新教师对于语言结构关注比较多，但是对于这些结构具体在什么情况下使用却很少关注。这样容易出现学生对某个句子的语法形式练习得很熟练，但一用就错的问题。比如下面这个教学设计：

操练结构：不是……就是……

---

① 注意由于这些例子都来源于真实教学，因此例子中存在的缺点不仅有笔者此处谈到的方面，还有其他一些问题，感兴趣的读者可以自己再深入研讨。

例句：

（1）公司好像要安排你出差，听说不是这个星期就是下个星期。

（2）他只看两种电影，不是爱情片就是喜剧片。

（3）他说暑假他要去旅游，不是去云南，就是去西藏。

"不是……就是……"有两种情况，需要分开教学。一种情况是可能 A，可能 B，但没有第三种可能性，例句 1 和例句 3 就是这种情况；还有一种情况是说话人强调只有 A 和 B 两种情况，此时句子常常有"单调"、"不满意"的含义。例如："商店里的衣服不是太贵，就是不合适，买不到好的。"例句 2 就是第二种情况。因此首先从例句给出的顺序来说，应该先是例句 1 和 3，然后是例句 2。在给出例句 2 的时候，要强调说明这种表达"不满"、"单调"的含义。如果教师不对这种语用差别进行说明，学生往往用不对。

另外，例句要有一定的信息量，也就是说例句能够帮助学生理解词汇或者语法。比如"我想请你吃饭"，这个例句看起来就缺少情境铺垫，如果给一个"请"的原因，改成"你要回国了，我想请你吃饭"语境就更丰富，对学生来说，也更容易理解。又比如"他是一个很聪明的人"，这个例句中的"他"由于没有所指对象，因此"聪明"的语义就无法在例句中体现出来。如果将"他"改成"福尔摩斯"或者班里面一个公认非常聪明的人，这个例句就能将"聪明"的语义凸现出来，教师给例句的效果就达到了。而很多新老师在给出例句时喜欢用"他"或"小明"来作为句子主语，其实并不好。

但是如果例句中涉及了太多的中国文化和背景知识，有时也会造成学生理解的障碍，因此教师要考虑学生的理解能力和接受能力。因为学生毕竟是外国人，对中国文化和情况的了解是有限的，很多中国人认为是"常识"的东西，对外国人来说可未必容易。比如下面这个教师设计的例句中就涉及了太多的中国文化背景知识。

特产：

北京的特产是北京烤鸭。

无锡的特产是无锡酱排骨。

　　扬州的特产是灌汤包。

　　南京的特产是雨花石。

注：告诉学生特产不一定是吃的，也可以是其他东西。

　　漳州的特产是水仙花。

在这个设计中，教师针对每个地方都介绍了一种特产，其用意还是不错的，但是考虑到学生对于中国背景知识了解是很有限的，或许北京烤鸭还听说过，其他的诸如"灌汤包""雨花石""酱排骨"之类，估计学生一般都没听说过。因此学生无法从教师例句推测出"特产"的含义，也就没有能够发挥例句的作用。下面这组例句，利用学生的经历和背景，操练的效果就好多了：

操练：选择

（1）教师举例：

　　我想去看电影，我有很多选择，有《阿凡达》、《三个火枪手》等，我的选择是《三个火枪手》，我选择看《三个火枪手》。

（2）教师开始提问：

　　现在我和你一起去看电影，你想看什么呢？所以……是你的选择，你选择看……我也喜欢这个选择，我们一起去买票吧，首先我们要选择我们的座位，第五排中间好吗？你有没有更好的选择？

　　这个操练中，教师利用学生比较喜欢看电影的特点，将举例和操练集中在看电影这个活动上，而且巧妙地将"选择"的动词用法和名词用法融入提问中，这样的教学设计难度合适，又能有效调动学生学习积极性，是一个很不错的教学设计。

　　4. 教学设计中要善于利用"公式"。

　　给出"公式"最大好处就是能让学生清晰直观地了解到如何说出一个句子。尤其在汉语教学中用法比较复杂的一些词汇，如副词、介词、连词等，应尽量将其句型结构用"公式"表示出来。使用"公式"能够帮助教师减少不必要的讲解，提高训练的效率，比如下面这个例子。

习惯

解释：习惯是一个名词，也是动词，它的后面可以带名词、也可以带动词、动词词组。

举例：我习惯喝冰啤酒。

我习惯八点起床。

……

我爸爸的习惯是每天晚上先喝酒再吃饭。

上述设计中，虽然教师给出了例句，却没有将"习惯 + verb"的公式列出来，而仅仅用语言来做了说明。如果教师能将"公式"列出来，再辅以适度的语言说明，学生就会容易理解了。

另外在教一些语气副词和连词的时候，除了给例句外，往往还要注明前后句的逻辑关系和语气色彩，不然学生不容易准确理解。

反正

给出例句：

（1）反正现在电影还没开始，我们可以再等一等。

（2）反正我也不喜欢这部电影，现在没有票了，我们就别看了。

（3）反正这个计划还有时间，我们今天先休息一下，明天再继续想。

（4）反正他不喜欢，不如送给你好了。

总结公式：反正……不如……

在上例中，虽然教师给出了公式，但是这样的公式似乎还不够，建议作如下的修改：

结构：反正 + 原因，不如 + 建议。

5. 备课不仅要准备教学内容，更要准备教学方法。

有的新教师在备课时只是把例句、语法说明，词汇辨析之类的内容抄录在备课本上，其实这也是不够的。不可否认，教师在备课时需要做一些语言知识方面的准备工作。但是这些内容主要为了"展示"和"解释"，而语言教学的核心是"练习"，因此，教师在撰写备课笔记时不应当只是准备教学中需要"展示"和"解释"的内容（比如词语解释、例句等），还应当考虑如何把这些内容转换成教学活动，而教师在教学计划中所要撰写的"教学活动"其实是把"展示"的内容和"训练"的内容结合起来的成果，比如"会"这个词，在后面可以用名词，也可以用动词，某位新教师在进行教学设计的时候，第一次这样写：

会

会 + 名词　　例如：我会汉语。

会 + 动词　　例如：我会游泳。

这显然只是展示出了"会"这个词的语言特点，但是教学中无法直接使用，因此，这位老师的第二次备课就改成：

会

展示：我会汉语。我不会英语。

板书　会 + 名词

提问：你会汉语吗？他会汉语吗？

　　　你会英语吗？

　　　你会……吗？

　　　你会游泳吗？

　　　你哥哥会游泳吗？他会跳舞吗？

板书　会 + 动词

又比如下面这个例子中，教师只是展示了"公共汽车"的很多例子，没有考虑如何引导学生"输出"。

公共汽车

教师给例句：

以前，上海的公共汽车也有很多人，和现在的地铁一样，但是公共汽车很小，所以如果有很多人，会更挤。现在有了地铁，公共汽车不挤了。我喜欢坐公共汽车，可以去更多的地方。

这位教师利用"公共汽车"说了一段话，介绍了上海公共汽车的一些情况，考虑学生就在上海生活，这样的例子能够引起学生的共鸣，还是可以的，但是教师无法真正了解学生是否懂了，而且学生光是听懂了这样的例子，也还是不能全方位提高自身语言的能力。所以教师应当向学生提问，既可以检测学生是否真正理解了自己的例句，也可以锻炼学生的口头表达能力。因此，教师第二次备课时增加了下面的问题：

(1) 你坐过公共汽车吗？坐几路车？

(2) 在上海，坐公共汽车时要注意什么？

(3) 坐公共汽车的方法和你们国家一样吗？

我们可以发现，为了形成师生间的互动，最有效的方法就是提问。因此，备课时教师常常要思考的是如何提问。

教师在教授词汇时，往往会将词汇的常见搭配一并列出，这对于理解这个词汇的用法是很有必要的。但是光列出搭配也还是不够的，必须要将训练配合上去。比如下面这个设计就需要补充一些语言训练：

教学目标词汇：建

教师提问：上海建了几条地铁了？

　　　　　对面的房子建好了吗？

给出常见的搭配：

　　　　建房子，建地铁，建公园，建学校，建工厂

这里教师给出了"建"的一些常用搭配，那么可以针对这些搭配问一个问题："你希望你家的附近建什么？百货商店？公园？体育馆？医院？"让学生根据自己的想法回答。这样教师给出的搭配才有意义。如果光是给一些搭配，没有相应的训练，就不能有效提高学生语言能力。

不光是词汇教学时需要考虑如何让学生开口表达，即使是讲解语法规则，也要考虑如何把这些规则与语言训练结合起来。比如"把字句"教学中，有很多使用限制条件的说明，有的老师就直接把这些语法限制条件写在备课本上：

把字句：

公式：S + 把 + O + V + 其他成分

注：(1) 其他成分：可以是"在"，"到"，"给"，趋向补语

　　(2) 不/没有/会/能 + 把：这些词要放在"把"的前面

　　(3) O：一般是有定的

（4）心理动词、"是""像"这些动词不能放在 V 的位置上

这些语法说明是写给老师自己看的，如果直接告诉学生，或许他们能听懂，但是并不能真正地应用"把字句"。因此教师需要考虑如何让学生在操练语言过程中体会出语法规则。以第一条规则为例，教师需要先将其分解成不同的公式，如"S＋把＋O＋V＋在＋地方""S＋把＋O＋V＋到＋地方""S＋把＋O＋V＋给＋人""S＋把＋O＋V＋趋向补语"等几种，然后分别练习。比如"S＋把＋O＋V＋在＋地方"这个句型，教师可以作如下的设计：

S＋把＋O＋V＋在＋地方

（1）教师从包里拿出书、本子、笔，分别放在桌子上，教师说出句子，并且让学生跟自己说。

（2）教师展示公式：S＋把＋O＋V＋在＋地方

（3）教师分别将书、本子、笔放回包里，然后让学生说。

（4）观看不同的图片，分别用"S＋把＋O＋V＋在＋地方"说句子

（5）教师再次总结句型

S＋没／不＋把＋O＋V＋在＋地方

（1）教师事先把本子放在桌子里面，然后提问"老师有没有把本子放在桌子上？"学生回答。

（2）教师把笔放在包的外面，然后提问"老师有没有把笔放在包里？"学生回答。

（3）教师总结句型：S＋没＋把＋O＋V＋在＋地方

另外，在设计有多个环节的教学活动时，要注意活动之间"循序渐进"，避免从一个简单的教学活动马上跳跃到一个难度很大的教学活动。有的老师在讲解例句之后，直接让学生做交际活动，或者是学生们在完成机械性训练后马上跳跃到交际活动。比如下面这个关于"真没想到"的教学设计就有问题。

（1）重复练习。（教师朗读给出例句，学生快速地一个接一个地重复朗读。练习过程中教师注意纠音。）

例句：a. 真没想到汉语这么简单／难。

b. 真没想到中国菜这么好吃。

……

（2）运用"真没想到"和其他已学的句型来简单描述下你最近去过的地方。

示例：上星期我和朋友一起去酒吧。这是我第一次去酒吧玩，真没想到酒吧这么无聊。（在学生描述的时候可以给予适当的提示）

这位新教师的步骤1只是一个机械性练习，而步骤2是一个难度很高的生成表达练习（其实这个活动有点接近于无辅助造句），中间缺乏过渡，一般的学生很难在完成第一个练习后顺利进入第二个练习。

6. 扩展要有度，不能盲目，要考虑学生是否能接受。

首先要说明，我们不是绝对反对扩展。从满足学生实际交际需求出发，补充一些他们需要的、感兴趣的词汇和知识是可以的。但是扩展要建立在学生能理解的基础上，扩展要有利于学生理解和掌握这个语言点。如果扩展内容过多过难，超出了学生可以理解的范围，那就没必要了。新老师在扩展方面存在着一定随意性：常常是自己觉得重要，就补充给学生，完全没有顾及学生的感受。比如下面这个设计：

操练目标词汇：时间

设计提问：你从家里来公司要多长时间？

告诉我现在的时间。

晚上你有时间吗，晚上你有空儿吗？

下次上课的时间是（什么时候）？

补充：一时间 a very short time

一时间我不知道说什么。

考虑到"时间"作为生词出现，一般都是在初级教学阶段的前期，此时教师就补充语义和用法都与"时间"差别较大的"一时间"，显然偏难。下面这个例子也属于教师过度补充：

讲解词汇：开关

补充反义字组成的词如：大小、多少、胖瘦、左右、长短……

　　这个补充不仅没有必要，而且会在实际教学中带来很多麻烦。的确，"开关"这样的由正反义汉字构成的词汇是有一定的特点，但这种特点词汇教师只需适当说明一下即可，没有必要作为一个专门的"点"来加以扩展。而且仔细分析教师所补充的词汇，既有名词，如"大小"；也有疑问词，如"多少"，各不相同，学生几乎没有办法从中归纳出什么规则。教师可能补充了，学生并不能掌握，徒增烦恼。

　　我们认为，新教师之所以出现扩展较多的情况，有两个原因，一是受到自身以往的外语学习经历的影响。以往有的英语教师习惯于将英语作为一种知识传授，尤其重视在教学中补充新词汇、新义项，这可能影响到国际汉语新手教师的教学，使得新教师们情不自禁地将自己当年英语老师教自己的方法运用到汉语教学中来。第二个原因是新教师自身的语言意识不强，对语法结构之间的区别不敏感，因而出现了教师自身没有感到自己进行扩展，而备课中出现了新的义项和用法的情况。

　　例如有一位教师在针对一个刚开始学习汉语 2 个月的班级进行教学，教材中出现了"尝"这个词，意义仅仅是"吃一点"，但是教师似乎觉得这样太简单了，于是扩展出新的词汇"尝试"，并且对这个词进行了解释。由于"尝试"这个词汇是教师在课堂中突然提出的，学生没有任何准备，而且"尝试"与"尝"的意义差别也较远，学生无法很快理解，教学效果很差。又比如下面这个词汇教学设计：

操练目标词汇：难

导入：汉语很难，对吗？

举例：做人难

　　汉语很难学（adverb）

　　　　难说：这很难说，我不知道他来不来。

　　　　难看：这个电影很难看，我不喜欢。

　　　　难听：这音乐不好听，难听。

互动：问学生："你觉得什么事很难？"

　　在这个教学设计中，教师的原意是想从"……很难"扩展到"难+动词"这个结构上来，因此教师给出了"难+说""难+看""难+听"的例子，应该说这种想法还是不错的。但是由于自身语法意识不足,其给出的"难说"的例句不是一般的"很难说明"的含义,而是"很难判断"的意思,此时学生对于"说"的理解还主要停留在"说话"这个含义上。教师给出的"这很难说,我不知道他来不来"这个例句显然超过了学生现有的理解能力,因此这个教学设计就存在一定的缺陷。实际上在这个例子中,教师自身的语言能力不足还体现在他将"难+动词"中的"难"看成了副词(adverb),这也显示出他的语法概念主要来自于以前的英语学习,汉语语法基本功不足。下面这个也是因为教师没有注意词汇的本义和引申义的差别而造成的无益扩充的例子:

课文中出现的词汇:轨道

给出例句:

(1) 上海的轨道交通是地铁,一共有几条地铁呢?

(2) 这个项目已经在进行了,一切都已经上了轨道。

其实课文中"轨道"主要是用来说明像地铁这样的轨道交通。虽然例句 2 也用了"轨道",但是"上轨道"的含义与一般的"轨道"并不相同,试图通过有限的课堂时间来讲解这个较为抽象的"上轨道"不仅不容易做到,也没有必要,因为这不是主要的教学目标。我想出现这个扩展,可能还是跟教师自身语言意识不强有关,或许教师没有意识到这个"轨道"的含义与课文中的意义不相同。

新教师另外一个容易出现扩展过度的地方就是在语法讲解阶段。此时有的新教师恨不得将这个语法点所有的内容都一股脑儿地教给学生,比如下面这位教师关于"起来"的用法说明:

表 2-1   起来（趋向补语）

	+起来		不能用"起来"	
	条件	例子	条件	例子
1	动词本身具有向上运动的性质	举、挂、升、顶、端、扛、飘、飞、翘,吊	表示横向或向下运动的动词	走、往、来、拉、推、洒、喷、沉、降、垂、控、掉、落、垮、塌、倒

续表

	+起来		不能用"起来"	
	条件	例子	条件	例子
2	对动词所涉及的人或物有束缚和制约作用	包、装、盖、捆、系、封、锁、抓、藏、缠、绕、包装、捆绑、封锁、控制、看守、监督	表示解除束缚的动词	松、开、扩、解、流、溜、拆、张、放、敞、开、解开、脱离、挣脱、揭露
3	一般的单音节动词加"起来"，表示动作的开始	汽车开起来了大家跳起来、唱起来吧	表示"停止"、"结束"的动词不能加"起来"	完成、结束、了结、制止、完、终了、终结
4	双音节、动宾结构的动词	跳舞：跳起舞来游泳：游起泳来	"动+动"结构的动词	*建起立来 *完起成来

关于"起来"的用法，这位教师的备课有两个问题：一是引入了太多学生没学过的生词。有的生词在解释语法时出现，有的在举例时出现。教师不仅罗列了可以搭配的词语，还罗列了不可以搭配的词语，由于生词太多，大大加重了学生的学习负担。二是教师只注重了罗列语法，而没有考虑如何让学生练习。实际上在教授趋向补语、结果补语这类汉语特殊的语法现象时，应尽量以学生已经学过的动词为基础，通过将含有这些补语的例句与不含有这些补语的例句相对比，让学生体会出这类补语的语法意义。教师单纯地罗列出语法意义不是一个有效的教学设计。

所以，在备课时把语法书中的说明原封不动照抄到备课本里并直接告诉学生的做法是不正确的。大部分学生不是语言学专业毕业的，因此对于语法术语的含义并不清楚。经常有学生告诉老师"虽然用英语写的语法说明我们认识其中的每个词语，但是具体的意思却不清楚。"这当然可能与翻译不够完善有关，但是也要考虑到语言学术语的确不是一般学生能够理解的。

7. 引入文化知识也要适度，需要考虑学生能否接受。

有的老师喜欢在教学中补充一些文化背景知识，因为这样做一方面可以传播中国文化，另一方面也可以活跃课堂气氛。但是引入文化时要考虑教师所介绍的文化知识能否为学生所接受。否则不仅无法起到活跃课堂、调动学生学习积极性的作用，反而会使学生感到汉语难学，甚至放弃学习。比如下面这个教学设计：

马上（第一次设计）

介绍词语由来：古代一个大将，皇帝病危，大将骑在马上听到了这个消息，于是没下马就直奔京城。所以后人用马上代表立即、立刻的意思。

这位教师试图通过介绍这个词语的来源帮助学生记住这个词汇，同时也可以增加课堂的趣味性，初衷还是不错的。但是仔细分析老师准备的介绍，出现了不少新词汇，如"病危""直奔"，而且一些词汇如"皇帝"、"大将"涉及很多中国历史知识，如果学生缺乏这些背景知识，理解起来就非常困难。后来这个老师修改了一下：

马上（第二次设计）

介绍词语来源：骑着马来，表示快的意思。

（注：如果学生不懂，可以做出一个骑马的动作）

第二次设计中，教师简化了讲解用的词汇，删去了很多学生难以理解的带有文化色彩的词汇，而且做出了一些预案，考虑了万一教学中出现学生不能理解的情况，自己该如何应对。相信经过这样的调整，实际教学中的效果会好很多。我们认为，教师可以在教学中适当地引入词源说明，但对原有的词源说明要有所修改，不能原封不动地拿来使用。否则，只会增加学生的学习压力和负担，达不到教师原有的目的。

总之，新教师在进行教学设计时，不仅要注意按照一定的格式规范来写教案，更重要的是对教学的具体步骤和内容进行准备。从这个意义上说，教学设计内容比形式更重要。

【案例3】 有什么好用的参考书?

李华常常在资料室备课，因为那里比较安静。这天张老师来资料室看见李华，于是关心地问他："现在你对备课有把握了吗?"

"我正头疼呢!"李华说，"我有好几个问题想问您。第一个就是我发现备课的时候没什么参考资料呀! 记得以前我的中学老师都有教学参考书，老师都是根据教师用书来备课的，可是我用的这本教材却没有。《新编实用汉语课本》和《当代中文》就有教师用书，学校干嘛不用这两本书呢?

"第二个问题是关于例句的。我发现《现代汉语词典》中没什么例句，而且有时候用来解释的词汇本身也很难，我担心这样的解释学生也听不懂的，您有什么好建议吗? 有什么值得对推荐的工具书吗?

"第三个问题是做PPT的问题。我想在PPT上打出带有声调的拼音，试了几次都没成功，有什么软件可以做到吗? PPT怎么样才能做得好看呢，您这边有没有什么好模板呢?"

李华连珠炮似的问题问得张老师笑起来了："问题真多呀! 我也是一个普通教师，没法决定用哪本教材，这都是学校管理层决定的，他们应该有多方面的考虑吧，我们只有接受这个现实，通过认真备课来解决困难，所以不要发牢骚。

"不过这个问题也不是那么可怕的。学校里有一个公共的平台，上面有一些其他老师的备课样稿，你可以上这个公共数据库看一下。另外学校资料室也配备了一些国际汉语教学常用的工具书和资料，你可以参考一下。

"你也可以上网搜索。比如你刚才说的例句问题，现在有一些免费的语料库，例句可以从那里找，要是你教中高级的学生，经常会发现学生需要我们辨析的近义词在现有的近义词词典中是找不到的,这时候语料库提供的很多例句有助于你自己总结。

"不过,最重要的是积累。俗话说,台上一分钟,台下十年功。要想上好课,平时就要注意积累各种资源,比如输入拼音的软件,优秀教师的博客,有创意的教学设计等。凡是可以在对外汉语教学中利用的,都要收集起来。随着你将来经验越来越丰富,真正花在某节课上的备课时间不会太多,而平时的积累将对你教学水平的提高起到关键作用。"

"谢谢张老师。"

【点评】

虽然很多教材没有教师用书,不过看看其他教材的教师用书对教师的备课也是有帮助的。另外在各种资源中,"同事"是最重要的资源,新教师尤其要注意吸收其他教师的教学经验。同时教师的合作也是非常重要的。如果学校已经提供了一些这样的平台,教师要充分利用。

五、备课时有哪些资源可以利用?

对外汉语教学和传统语文教学不一样,因此一些为中国人准备的语文词典不一定能用得上,而且由于学生水平有限,教师也不能够直接照抄资料上的各种解释,而是要考虑如何把它转换成学生可以理解的表达形式。新教师们需要积累一些对外汉语教学的工具书和资源,以方便自己的教学。我们整理了一些资料,供新教师们参考:

1. 纸质资源

(1) 语法参考书

语法是大多数新教师的薄弱环节,即使是语言学出身的人,也可能对外国学生的语法问题感到困惑。值得高兴的是,经过三十多年的教学,现今的语法书能够满足绝大多数教师的需求。教师不应该仅仅看课本中的语法说明,在备课时,应尽可能对所要教学的语法点进行充分准备。常用的语法参考书籍有以下几种：

《外国人实用汉语语法》，李德津、程美珍，华语教学出版社

《对外汉语教学实用语法》，卢福波著，北京语言大学出版社

　　上面两本都比较简明，与大多数对外汉语教材中的语法点论述一致。

《实用现代汉语语法（增订本）》，刘月华等著，商务印书馆

《现代汉语描写语法》，张斌主编，商务印书馆

　　以上两本语法描写详细，吸收了一些新的研究成果，教师应当通读。

《外国人学汉语语法偏误分析》，李大忠著，北京语言大学出版社

《日本人学汉语常见语法错误释疑》，杨德峰，商务印书馆

《外国人学汉语常见错误900例》，程美珍编，华语教学出版社

　　了解学生的错误可以使教师在备课时更有针对性，所以这些错句分析会使得教师备课更有针对性。

　　（2）词汇用法参考书

　　汉语的词汇用法也比较复杂，有时候光靠教师一个人脑子想想不出来，必要的参考资料可以帮助我们了解某些词汇的用法。

《商务馆学汉语词典》鲁健骥、吕文华主编，商务印书馆

　　该词典收入2400多个字，约10000个词。尽量不用词来解释词，而用使用者学过的语法和常用词解释和举例；举例比较丰富，能反映词的用法和常用搭配，看了就能用。这是完全用汉语解释的词典。

《新编现代汉语多功能词典》冯志纯、周行健主编，当代中国出版社

　　该词典标注词性、词的语法特点、功能、用法和构词方式，用法举例丰富典型，还包括一定数量的词汇辨析，具有详解词典的性质。

《现代汉语常用词用法词典》，李亿民等编，北京语言大学出版社

《现代汉语常用词语》北京大学出版社

《学汉语用例词典》，刘川平主编，北京语言大学出版社

　　上面这三本词典的最大优点就是提供了丰富的例句。

《现代汉语八百词》，吕叔湘主编，商务印书馆

选词以虚词为主，也收了一部分实词。每一个词按照意义和用法分项详细说明。

《HSK 中国汉语水平考试词汇大纲汉语 8000 词词典》，北京语言文化大学汉语水平考试中心编，北京语言文化大学出版社

《新编汉英虚词词典》，王还主编，华语教学出版社

《对外汉语教学语法释疑 201 例》，彭小川等著，商务印书馆

《外国人学汉语难点释疑》，叶盼云、吴中伟编著，北京语言大学出版社

《汉语口语常用句式例解》，刘联德、刘晓雨编著，北京语言大学出版社

（3）近义词词典

随着学生词汇量的不断扩大，近义词辨析成为教学中的一个难点。学生常常问教师"这两个词语有什么差别？"而学生所提问的词语未必能够在某本词典中找到，很少有一本近义词词典你能囊括所有的问题，因此，多准备几本近义词词典还是必要的。

《商务馆学汉语近义词词典》，赵新、李英主编，商务印书馆

《汉语同义词词典》，佟慧君、梅立崇主编，商务印书馆国际有限公司

《1700 对近义词语用法对比》，杨寄洲、贾永芬编著，北京语言大学出版社

《汉语近义词词典》，王还主编，北京语言大学出版社

《近义词使用区别》，刘乃叔、敖桂华编著，北京语言大学出版社

《汉语近义词词典》，马燕华等著，北京大学出版社

2. 网络资源

教师备课时最需要的是例句，有时候单凭个人想不出什么好的、有趣的例子，这个时候可以借助语料库，目前网络中有一些免费的中文语料库，无论是设计例句还是作近义词辨析都很有用。比较常用的有：

（1）北京大学 CCL 语料库 http：//ccl. pku. edu. cn：8080/ccl_ corpus/search 可检索到丰富的例句

（2）国家语委语料库 http：//www. cncorpus. org/ccindex. aspx

（3）北京语言大学 HSK 作文动态语料库 http：//202. 112. 195. 192：8060/hsk/

login. asp

这个语料库可检索到很多留学生的错句，可以看到学生容易犯的错误有哪些。

某些知名的汉语教材有自己专门的网站，往往包含备课资源，教师可以充分利用。例如《中文听说读写》（Intergrated Chinese）的主站 IC Home，其地址为 http://eall. hawaii. edu/yao/ICUsers/。在这个网站上，教师可以看到其他教师的教学文件，如教学大纲和周计划，活动设计和各种 PPT 课件，十分好用。即使你不用这本教材，浏览这个网站也能得到很多启发。

国家汉办也为新教师建设了一个网站"网络孔子学院"（http：//edu. chinese. cn），其中包含了大量的教案、教材、教学视频、专家讲座等，非常有用。国务院侨办的华文教学网提供了《中文》和《标准》两套教材的资源。如果教师在海外教授华裔学生，可以参考这些网站的资源。

笔者也推荐各位新教师多关注"网上学中文"（http：//learningchineseonlinge. net）网站。这个网站提供了网络几乎所有的中文教学资源的链接。教师在这里能够获得很多信息和资源，所以新教师们应该花点时间上这个网站，看看有什么资源可以用在自己的教学中。

3. 软件

对外汉语教师在备课时经常要用到给汉字加拼音，或者是直接打出带有调号的拼音。这里提供以下的一些软件，供教师们使用：

（1）Word 中文版：通过菜单——格式——中文版式——拼音指南，可以做到文字上方加拼音的效果，不过每次只有 50 个字符，如果要拼音的文字比较多，需要一段一段加。

（2）Pinyinput 软件 http：//pinyinput. sourceforge. net/。只要输入 zhong1 和 guo2 就能显示出 zhōngguó，十分方便。

（3）"实用汉字转拼音" KTestpinyin 软件。它可以给一段文字加上拼音，有多种效果。

（4）"中文助教"软件（Chinese TA）。该软件也有加拼音的功能。

（5）免费的文字处理软件 WPS2010 中也可以打出带有调号的拼音，可以从www. wps. cn 下载获得。

事实上，还有一些对教学有用的软件，比如刚才提到的"中文助教"软件（Chinese TA）。它能自动给一篇文章做生词表，加英语注释等，如果教师需要给学生提供一些辅助材料，就会发现很有用。

软件和网络资源都是在不断发展的，教师应该做个有心人，收集和整理与教学有关的各种资源。这样在备课时就不会手忙脚乱，不知所措了。

参考文献

崔永华（2008）《对外汉语教学设计导论》，北京语言大学出版社。

姜丽萍（2008）《对外汉语教学论》，北京语言大学出版社。

吕玉兰（2008）课堂教学中的教师引入内容分析，《世界汉语教学》第 1 期。

| 第三课 |

如何说课和试讲

【案例1】 为什么要说课?

结束了教学以后,张老师把李华叫到一边,告诉他一个消息:"这个星期我们中文教学组要搞一个教研活动,我们打算搞一次说课,你自己找一课,到时候说一下,听听大家的意见。"

李华问:"说课?什么意思?是试讲吗?"

张老师说:"不是试讲,说课的时候没有学生。你要面对的是其他的老师,包括我。你得自己回家先备好课,然后告诉我们你上某一课的教学设想以及为什么要这样做。说课是我们原来在本地学校任教时常常进行的教研活动,我们觉得挺好的,所以现在国际部把它移植过来。"

李华有点疑惑:"可是张老师,我觉得教学必须得有学生才会有效果,如果没有学生,只是口头说明,能说清楚吗?"

"当然可以。"张老师进一步解释道:"说课不仅仅是说明你的教学计划,更要说明你为什么要这么设计,你的设计中涉及哪些教学思想和教学理论,你应用教学技巧的原则和理由等。你自己在备课的时候比较关注设计教学活动,但是可能并不了解这些教学活动是不是有效。如果其他老师给你提些意见，对你会很有好处。还有的时候，别人觉得你的设计不好，提出了意见，但你有不同的看法，因为你更了解自己班里的情况，你也可以利用这个机会与其他老师交流。总之，这样的交流活动应该会让你的备课更有效，更有针对性。"

"以往我们大家在一起讨论教学目标和教学方法，这种集体备课的方法不是也挺好的吗？干嘛还要另外搞一个说课呢？"李华有点疑惑。

"集体备课很有效，不过说课对于你专业发展也很重要，因为说课的时候，大家特别关注你做教学设计的背景和理由。集体备课一般只是针对某一篇课文来研讨具体的教学目标和教学方法，缺点就是太具体、太琐碎。集体备课的时候，教师关注的重点在于如何解决教学中可能出现的各种问题，不能站在更高的角度来看待自己的教学。而到了实际教学的时候，教师也忙于应付各种课堂突发事件，处于被动状态。这样在设计和实施教学的时候，教师都主要依靠自己已有的经验来处理，跟着感觉走，没有机会进行理性的思考。说课则可以给自己一个机会，对自己的教学进行理论思考，建立一座理论与实践的桥梁。"

"我知道了，"李华似乎明白了，"所以说课时要专门介绍自己实施教学的理论，对吗？可我现在教汉语课，觉得理论都没什么用，倒是老师们在教研活动时提供的经验更有用，干嘛还硬要在说课时把理论知识拉过来呢？"

"我们并不是让你在说课时硬给自己的教学找一些理论依据。说课的目的是促使你反思。我们特别希望你在备课时就考虑以什么样的理念来设计教学活动，备课时有意识地思考能否将一些新的教学理念运用到教学中去。这样你在说课时就不会生拉硬套理论了。很多新教师在学校里学了很多理论，可是一旦真的开始进行教学设计，就把理论知识抛弃了，完全根据自己的教学习惯来设计教学。你对理论的看法挺有代表性的：觉得理论没有用，不如某些教学技巧那么立竿见影。可是所有的技巧都是有条件的，上次用得好，不代表下次也一定有效。准备说课和说课的过程可以促使你关注教学技巧背后的使用条件，促使你更好地关注指导教学实践的那些原则问题，推动你个人综合能力的提高。否则，你可能虽然每天都在备课，可是一直在原地踏步。老师不应该是个教书匠，而应该是个反思的实践者，说课就是推动你反思的一种教研活动。"

李华恍然大悟："哦，反思型教师，以前听课的时候教授们经常提到的，自己还不太理解，今天才有点明白。好的，张老师，我一定好好准备。"

【点评】

说课是推动国际汉语教师教学水平提高的一种教研活动，它最大的特点就是要求教师说出自己在设计教学活动时背后所运用的理论和原则，这是推动教师反思的一种重要途径。同时，教师们在一起进行说课，互相交流，也是在职学习和研修的一种形式，有利于形成教师学习共同体。

一、说课与其他教研活动有什么区别？

说课是教师面对同行和专家，以科学的教育理论为指导，将自己对于课标和教材的理解和把握，课堂程序的设计和安排，学习方式的选择实践等一系列教学元素的确立以及理论依据进行口头阐述的一种教学研究活动（马爱玲、李兴良，2010）。

在国内的基础教育界，说课是一种常见的教研活动，甚至很多教学比赛都先以说课来筛选入围的教师，然后再让教师们进行"真刀真枪"的课堂教学。但是在国际汉语教学界，相当一部分教师对说课还比较陌生，不知道该怎么"说"。案例中介绍了说课的意义，下面我们进一步来分析说课与备课、试讲等其他教研活动的区别。

首先，准备说课不是一般的备课。备课是教师在吃透教材的基础上写出教案，它着重研究解决课堂教学中的"教什么"、"怎样教"等教学内容以及具体的实施策略等技术问题。准备说课时教师不仅要认真考虑具体教学的步骤和思路，更要说出理论依据。可见，"为什么"是说课的核心。

说课的人通常需要专门准备说课稿，它与教学中使用的教案也有所不同。教师写教案，目的是为了充分利用课堂时间，提高教学的有效性，并对突发事件做好预案。因此教案的重点是各个时间段的教学活动安排。对于刚入行的新教师来说，把教学方案写得越具体详细越好。以词汇学习为例，教师不仅要在备课中把要教授的词义和例句准备好，还要考虑如何"教"给学生。说课稿就不一样，由于说课的老师要说清楚"为什么"，因此对具体的教学方案只需要作提纲挈领式的说明，重点把自己的教学思路告诉同行。对于那些在实际课堂上需要对学生详细说明的部分（比如具体例句），可简单介绍一下，无需逐条细说。但是对自己每个教学环节或教学活动的设计思路，都需要详细介绍。因此说课时照着教案读，显然是不起作用的。

说课也不是上课。上课是对学生的具体教学过程，对象是学生。而说课是备课后讲课前的一个独立环节，展开的是具体教学操作过程的理论阐述，属于教研性质，其目的是帮助教师对具体教学操作从深层次上加以认识，从而使教师从知其然到知其所以然，提高其教学水平和整体素质。它的对象是其他教师和专家。

说课一般也不需要做模拟试讲。因为一般来说说课的对象是同行，对一些基本的教学步骤都已经很熟悉，无需把他们当成学生来对待。比如你只需要说"领读生词两遍"，那么大部分的教师都会明白你要做什么。但是如果你的某些做法比较特殊，与一般的教师不同，或者同行们对你的有些教学行为不理解，这时候你才需要以模拟试讲的形式来演示给大家看。所以，说课的缺点就是纸上谈兵：既看不到说课教师的临场发挥和应变能力，也看不到学生的反应。

总之，一节成功的说课，不仅要层次清晰地阐述怎样教这节课，还要精辟简洁地表述为什么要这样教。说课能较为全面地展示出教师备课的思维过程，展示对教学大纲、教材的理解，展示对学生能力、水平的把握以及运用相关教育理论和教学原则组织教学活动的能力，对于新教师的发展有着重要的意义。

【案例 2】 一份说课稿

听了张老师的说明，李华对于说课有了比较清楚的认识，可是他还是把握不好怎么写说课稿。于是张老师给他一个以前同学的说课稿，让他参考。下面就是陈琳同学写的说课稿：

一、教学对象及课型

教学对象：混合班，初级水平。

教学课型：精读课。

二、解读教材和课文

我选用的教材是《基础汉语 40 课（上册）》。《基础汉语 40 课》是华东师大出版社出的，分为上、下两册。我选用的这本上册前 5 课是语音部分，主要让学生通过学习掌握汉语拼音，同时学会一些简单的日常会话和课堂用语。而后面的 15 课由短文和会话组成。通过短文的学习，学生能够掌握一些基本的汉语语法。会话部分基本上不出现新的语法点，只是让学生掌握一些基本的会话模式和语言功能。总体来说，这本教材以情景、结构为主，同时兼顾文化和功能等要素。生词量大也是这本教材的特点，所以比较适合有汉字背景的学生使用。

我选择的课文是第九课《我的一天》。短文部分共有 33 个生词，主要介绍了"我"的日常生活。会话部分以"时间"为主题，共有 10 个生词。针对这篇课文的特点，我制定了如下的教学目标：

1. 学会使用数字表达具体时间；

2. 学会简单的动词谓语句的表达；

3. 学会将本课的重点生词"和……一起""或者"等用于日常对话；

4. 通过短文以及会话的学习，学生能用简单的句子表述自己的日常生活，并能对时间进行提问。

三、理念指引

1. 联系旧知识

学生在学习第九课时，刚刚结束了语音部分的学习，各方面能力都处于初级状态，尤其是听、说方面。所以，在讲解新知时，如能用到他们学过的知识，既能帮助学生巩固，也能降低对新知的陌生感和畏难情绪。

比如，在讲解"早饭"一词时，可以对学生进行提问，但是要注意问题的过渡性。例如：

你吃早饭吗？

你每天都吃早饭吗？

你每天什么时候吃早饭？

其中，"都"是第六课的语言点，而"什么时候干什么"是本课的重点句型。这三个问题层次分明，能够很好地完成新旧过渡。

2. 情境创设

精读课的课堂不像口语课气氛那么活跃。精读课主要还是以知识点讲授为主，所以会让学生感觉有点枯燥。为了解决这个问题，教师可以利用多媒体课件，为学生营造一个轻松的学习氛围，还能有助于他们理解和记忆。

本课的词汇大都是基本词汇，所以教师没必要在解释词义上花太多的时间，可以结合图片帮助学生理解，有时也可以适当用点英语。

比如，在讲解"早饭"、"中饭"和"晚饭"这三个词时，可以先在 PPT 上打出"饭"这张图片（见图 3 - 1）：然后结合不同的时间，引出"早饭"、"中饭"和"晚饭"。有了时间这个情境创设，学生理解起来就容易多了。

图 3 - 1

3. 师生互动、生生互动

在教学过程中，若能抓住机会，融入一定的

师生互动或者生生互动，能够让学生更有兴趣、更积极地投入到学习中。

第一，在讲解本课词汇时，主要是通过师生问答的方式完成的。第二，在学完短文和对话后，我设计了一个活动，主要利用信息差原理。比如同学 A、B。A 拿到了一张 B 的行程表，但是上面信息不全，就会向 B 提问，并将表格补充完整。这个活动可以综合训练本课的重点句型。

四、教学程序

第九课预计用六个课时完成。生词部分两课时，课文部分两课时，对话和练习两课时。具体分布如下：

生词部分（90 分钟）：

1. 朗读生词（10 分钟）

（1）教师领读生词，每词一遍

（2）学生自行朗读，每人 5 词，适当纠正不正确的读音

（3）学生齐读生词，每词两遍

2. 生词串讲（70 分钟）

3. 看图操练（10 分钟）

短文部分（90 分钟）：

1. 串讲短文（20 分钟）

2. 重点句型梳理与训练（45 分钟）

3. 根据图片复述课文（25 分钟）

会话与练习部分（90 分钟）：

1. 角色扮演朗读（20 分钟）

2. 串讲语法点（25 分钟）

3. 课后练习（20 分钟）

4. 交际活动（25 分钟）

【点评】

陈琳同学的这份说课稿还是比较规范的，基本上包括了说课应该涵盖

的几个主要部分。对自己的教学思路也阐述得比较清楚。说课稿除了采取这种文字稿的形式以外，还可以采取 PPT 的形式，这样在与同事和专家进行交流沟通时效果会更好。

二、说课的流程是什么样的？

教师的说课一般由四个阶段组成，分别是说教材，说教法，说学习和说教学过程。

首先是说教材。在这个环节中，说课教师应该说清楚课题，包括使用的教材名称，属于第几册中的第几单元，教材的前后联系等情况。如果其他教师对教材不太了解，还需要简要介绍一下该教材的特点，比如是根据什么教学法思想编写的，目标学生群体等。教师特别要说清楚本课的教学目标和重点、难点。由于教学目标和重点难点的确定都与某种语言能力标准或者课程大纲相联系，因此，教师要有意识地说清楚自己制定这些目标的依据。

第二个环节是说教法。说教法的时候一定要避免"贴标签"。有的教师觉得唯有给自己的教学设计贴上各种教学法理论的标签，才能体现出自己对教学的"深刻"理解。有的老师说自己在教授生词时采用了听说法，教授课文时采用了任务法，而活动时则采用了交际法等，总之给自己的每个教学环节都贴上"专业"标签，似乎不这样，就无法体现出"专业性"。事实上，说课中更要强调的是自己的具体教学设计是如何体现教学法原则的。另外一个说教法时的常见问题是"赶时髦"。有的教师觉得要是没有给自己的教学法一些"最新"的理论做支撑，就无法体现出自己的专业水平，于是他们在说课时到处都强调自己使用了最新的教学理念（如任务型教学），似乎不这样说就显得落后。事实上教学法没有绝对的好和差，只有适合与不适合。传统的教学法未必就不好，最时髦的教学法未必就没问题。如果教师能说出自己如何贯彻并调整这些最新的理念，说教法才有意义。总之，成功的说课与时髦的术语之间没有必然联系。

说教法可以是一个单独的环节，也可以穿插在不同的阶段完成。比如教师在说教材后可以先概括地说教法，然后在说教学流程时结合具体例子来具体说明；也可以先详细介绍教学方法的运用，再总结自己这堂课运用了哪些教学方法，及选择、运用这些教学方法的理论根据。

第三个环节是说学习，就是说明教师应该如何促进学生的学习。成功的教学不仅依靠教师指导，更要发挥学生的主观能动性，因此帮助学生学习，教会学生学习也是很重要的。教师需要有意识地将学习策略、学习技能传授给学生，促使他们掌握独立学习的技能。然后再在说教学程序中，结合具体的教学实践陈述。与"说教法"一样，教师也要结合具体教学实践来说。

第四个环节是说教学程序的阶段设计。这是说课的核心。国际汉语教学说课的内容多是针对某篇课文进行，因此教师需要说出总的时间安排，然后分别阐述每节课教什么、怎样教。在说怎样教的过程中还要说清如何进行反馈矫正、小结，如何组织课堂教学，如何融合文化教学、布置作业内容及如何引导学生完成作业等问题。

三、什么是好的说课？

说课和一般的备课、试讲都不同，那么什么是成功的说课呢？

首先，说课要讲理论。

我们可以从教案和课堂教学看出教师打算"怎样教"，而说课不仅要说出"怎样教"，还要说清"为什么这样教"，要让听者不仅知其然，还能知其所以然。说课的时候，教师可以从教材、学习者、教学方法、教学程序等四个方面来阐述自己的教学思路，并且运用教育学、心理学、应用语言学等教育理论知识去阐明道理。有的老师在说课时，只用"根据我的教学经验"或者"根据我班的情况"这样的词句来说明自己教学行为的理由，这不是成功的说课。因此，教师需要在平时关注各种理论问题。

其次，说课中涉及的理论必须与具体的教学设计相联系。

教师在说课时存在的一个普遍问题就是未能将自己引用的理论知识与这课的

教学设计相结合。比如前面先说一大段指导思想，诸如"以学生为中心""注重交际""互动"等时髦名词，而讲到实际教学时，却又只有"背诵""造句"等做法，让听课的人感觉他说的那些理论与他的教学实践都对不上。所以教师在说课时不能生搬硬套理论，不仅要说明自己进行教学设计的指导思想，更应说明在具体的教学设计中是如何体现这些理论原则的。这种针对具体教学行为的理论阐释能促使教师真正把理论和实践结合起来。

第三，说课的各个环节应当形成一个有机的整体。

许多老师非常重视教学目标、教学重点难点、教学方法及学法指导，这是非常必要的，也是无可非议的。但问题是，一些老师在说教学目标设计时，知识目标、能力目标、觉悟目标都很清楚，又有"创新"，然而在说教学过程时，却说不出具体目标的落实；一些老师在说教学重点难点分析时，也能重点突出，然而在说教学过程时，却说不出哪个知识点是重点，哪个知识点是难点；一些老师在说教学方法及学法指导时，运用很多术语，然而说到具体教学过程，却没有任何实例。有一次一位新老师在说课时大谈交际法的运用，而说到具体教学，却把造句作为主要的交际手段，前后矛盾。

第四，说课要有"预见性"。说课者要对所教学生的知识技能、智力水平、学习态度、思想状况、心理特点、非智力因素等方面的差异进行分析。说课尤其需要预先估计学生学习新知识时会有什么困难，说出根据不同情况采取相应措施和解决的办法。说课者还要说出自己设计的那些关键问题，估计学生如何回答，教师应该怎样处理。

第五，说课应有"创新性"。说课实际上是一种教研活动，其目的是提高教师对教学的理解和认识。四平八稳的说课固然好，但是对教师自身帮助不大。新老师最初说课，多是起到一种"打磨"备课的作用，因为此时他们对课堂教学的考虑可能尚不周全，而说课能吸收同行和专家的经验，帮助新教师完善自己的教学设计。但是经过一段时间的教学以后，新教师的教学日趋成熟，此时新教师们应该勇于尝试新的教学手段，并在说课中体现出来。国际汉语教学的特殊性使得很多教师在进行教学创新时有顾虑，容易保守。但是如果总是按照旧方法去教学，就无法跟上语言教学发展的步伐。说课作为备课前的一种教研活动，可以帮助教师们更好地认识和理解新方法、新技术。所以教师在说课时不一定总是选择自己熟悉的教学方法，而可以尝试一些新的教学方法，挑战自己。在听取同行们的意见和建议后，对原有的教学设计加以改进，并且接受实际教学的检验。有新意的说课才能推动教师自身专业能力的提高。

第六，详略得当。有些老师说课非常重视对前面几个环节的处理，即在"说教材"与"说教法、学法"上投入较多的时间，而忽视了"说教学过程"。其实，恰恰相反，说课的重点所在应放在说教学过程上。

从培养教师能力来说，说课未必要说得很细，新教师们应更注重准备一些教学预案，多谈谈学生学习中可能碰到的困难和教师的教学策略。比如，在重点难点处理上，设计哪些问题；如果第一套方案不行，第二套方案又怎样安排；安排了哪些练习，有没有体现出层次性等。

【案例3】　恭喜你，试讲通过了！

今天李华去一家机构面试，应聘汉语教师。那家机构的负责人把一篇课文递给李华，让他先去准备30分钟，然后进行试讲。

李华看了一下课本，很快从里面找出了语言点"比较句"。

李华站在讲台上，台下坐着三位老师。李华虽然已经上过一段时间汉语课，但是面对三位专家，心里多少有点紧张。

"别怕，放松一点，"中间的一位老师安慰他，"你先介绍你打算怎么处理这篇课文，介绍一下整体思路。然后可以选取两个语法点来讲解一下，如果需要我们配合，我们可以当学生，你可以提问我们。不过我们在中间可能会提些问题哦！听明白了吗？开始吧！"

"好的，"李华开始说明自己的教学思路，"先导入，然后讲解生词，再朗读课文，纠正发音以后我会讲解和训练本课的语法'比较句'，最后布置作业。"

"你觉得这篇课文要多长时间完成?"左边那个老师提问了。

"根据我的经验,这些生词朗读加上操练,估计要一个小时,课文学习和语法练习至少要一个半小时,总的来看这些内容需要3—4课时完成。"李华边说边注意那个老师的反应。他发现那个老师在点头,心里多少有点放心了。

"好吧,你可以说一下你怎么教比较句。"

李华开始展示课文中比较句的例句,然后讲解了语法规则。突然,中间的老师扮成学生说:"老师我听不懂,我才学了四个月汉语,你说的那些句子我根本听不懂。"

李华觉得是不是自己用的语法术语太多了,没有考虑到学生的语言能力,于是他在黑板上写出比较句的公式"A 比 B + 形容词",然后将那些例句分别写在公式各个对应位置下面。看到他写的公式,有位老师又扮成学生提问了:"老师,能不能说我比他很高?"

"不行,应该说我比他高,不要很。"

"老师,我比他还高和我比他高意思一样吗?"

"不一样,第一句的意思是他也是很高的人,但是他高不高都能说用第二句的。"李华心想,"学生"的问题还不少呢。

李华在上面讲解,下面坐着的一个考官突然发出叫声:"老师,她拿了我的笔!"旁边的一位老师趁机问李华:"李华,如果发生这样的事情,你该怎么办?"

……

一个小时很快过去了。李华的面试结束了。

两天以后,李华收到了那家机构的电话通知:"恭喜你,通过面试了。希望你明天可以来我们这里上课。"

【点评】

面试中老师经常会突然"刁难"新老师,此时新老师要镇定,冷静思考该如何处理，绝对不能烦躁或者大发雷霆。事实上，观察新老师在遇到挑战时能否从容面对，正是面试的核心内容之一。如果老师提出一些相关问题，可能暗示你的回答不准确或者有不全面的地方。新教师可以根据面试考官的提醒，找到解决问题的办法。在面试中，我们发现把字句、被字句、离合词是多次出现的主题，新教师最好准备一下。当然。临时抱佛脚不是一个好办法，最好还是在平时多积累，这样面试时就不会紧张了。

四、什么是试讲?

试讲是很多新教师在走上正式的工作岗位前遇到的第一个挑战。

从国际汉语教学实践来看，试讲可以分成两种：一种是应聘求职过程中的试讲。这样的试讲，并没有学生坐在下面，新教师需要面对几个有丰富经验的专家教师和领导，说明自己的教学设计并做适当的教学演示。由于国际汉语教学是一项实践性很强的工作，学历和证书不能完全代表教师的教学能力。因此面试中试讲的成功与否对教师能否顺利得到工作机会有决定性作用。

另一种则是为了让学生对教师有更多了解而进行的试讲。为了吸引学生来学汉语，各个教学机构多会在正式开课前（或者学生正式付费前），让学生来试听，以决定是否要正式开始学习。这个时候教师们面对的是学生。有的时候可能有五六个学生，有的时候可能只有一个。学生们常常会根据试讲课的教学情况决定是否要正式开始学习，因此试讲课成功与否对于教学机构和试讲教师都很重要。

目前试讲的重要性日益突显。在现有的出国教师和志愿者选拔中，一般都有试讲环节。考虑到中小学教师资格考试中，试讲已成为一个必考的环节，因此我们有理由相信，在未来的国际汉语教师资格考试中，试讲也将扮演非常重要的角色。

如何提高自己应对试讲的能力呢？有的新老师认为只要找到一些面试题目，把它们死记硬背下来，然后就能"对付"试讲了（尤其是志愿者选拔的试讲），这种不从基础抓起，只想投机取巧的思路是不可取的。要知道，你在试讲时所面对的都是有多年教学经验的专家。俗话说"行家伸伸手，便知有没有"，如果你教学基本功不扎实，几句话交流下来马上就能发现你的问题了。因此新教师要注重培养自己的教学实践能力，不要抱侥幸心理。

有的人会觉得"我参加应聘的目的就是要成为老师，而我没有当老师，怎么能获得实践经验呢？这不是矛盾的吗？"的确，现有的招聘面试一般希望能选拔出有经验的汉语教师，但是这并非意味着没有实践经验的教师就完全没有机会。各种语言教学机构都需要不同层次的国际汉语教师，一般来说，对班级授课的教师要求较高，而对于个别授课（即一对一教学）的教师要求相对较低，后者比较容易应聘成功。因此新教师如果应聘班教的工作失败了，不必耿耿于怀，可以争取成为个别授课的教师。

即使没有获得个别授课的机会，新教师也可以尝试向教学机构提出听课的请求，因为通过一段时间的课堂观察，同样可以学到其他教师处理教学的方法，如果教师能够如第一章所说的那样，在听课前后分别进行必要的准备和反思，教学设计能力和实践能力都会得到提高的。

另外，新教师在参加应聘面试或者上试讲课前，也有必要了解一些应对的方法。

五、如何面对应聘试讲？

国际汉语教师选拔中，试讲和面试常结合在一起进行。一般试讲是在与新教师进行了初步面谈之后进行的。此时，教学机构的负责人往往已经对应聘教师有了一个初步的了解，然后就会给新教师一篇课文（或者是课文中的一段），让应聘教师准备30分钟左右，再请应聘教师进来试讲。

这时候试讲有点像说课，但是与说课又有差别：说课比较强调说出你对这些教法的理论认识，而面试时将不要求你在理论上花大力气，而要着重说清楚教学的基本过程，让下面听课的负责人和教师了解你具体教学的能力就行了。另外说课准备的时间比较长：教师一般是提前几天准备，可以获得比较充分的参考资料，甚至有时候可以跟同事朋友商量，而面试中的试讲一般没有那么多的准备时间，大都是到了面试的地方才拿到指定材料，有的面试单位连工具书也不提供。可见应聘时的试讲并非单纯考察讲课能力，还要通过试讲对应聘者进行更全面的考察。应聘中的试讲不一定是讲一篇完整的课文，有的时候只是讲解某一段，而且一般准备的时间比较短（有的时候可能只有 15 分钟时间），可能你把材料读完，分析一下材料中的教学重点难点，稍微设想一下教学计划就差不多了，并没有充分的时间来展示教学设计。

　　在应聘试讲时，考官可能会打断你上课，可能会提出一些难以回答的问题。这些都是很正常的，新教师们要做好心理准备。试讲后考官也常常"刁难"来应聘的新老师，比如有意识地挑新老师试讲时的漏洞，或是假装"学生"提出一些问题。这一方面是为了考察新教师的教学能力，另一方面也是在考察新教师的应变能力和心理素质。新教师要做好准备，不要遇到提问就惊慌失措。

　　另外需要提醒新教师的是，试讲的时间是有限的。新教师在试讲过程中，要有意识地注意把自己的"亮点"展示出来。目前的出国教师或者是志愿者选拔，留给教师们试讲说课的时间非常有限，因此教师们可以省略一些常规性的教学步骤。比如，课堂教学开始阶段的那些常规工作，比如点名、组织教学，都可以省略不说。教师利用语言来直接进入核心部分："上节课我们讲到了……你们都了解了，今天我们要……"这样的铺垫就比较好。还有那些比较明确的教学活动，比如朗读生词等，也可以用语言来带过，比如："好，下面我们会让同学们去朗读生词，每个同学读 5 个，轮流读。"这样就有足够的时间把自己准备的"亮点"展示出来了。试讲面试时不要贪大求全，未必要将要点都展示出来（当然准备要充分），要善于选择一些自己比较有把握有特色的方面来展示。

　　笔者发现，有的新老师不能充分利用教学机构提供的准备时间，仅仅是做了一些简单的准备，因而在面试和试讲中表现不佳，败下阵来，十分可惜。

六、如何上好试讲课？

　　还有一种面对试听学生的试讲课。目前在国际汉语教学中，为了鼓励学生就读，往往在学生正式付费前，给予一次试听机会，使得学生可以了解汉语教学特点，如果学生对"试听"（即"试讲课"）满意，学习就正式开始了。因为试讲课决定学生是否选择这家教学机构并付费学习，所以无论是对教师还是对教学机构来说，试讲课都非常重要。

在平时的教学中，开始大都有复习环节，可以了解学生水平。而试讲课，往往是教师与学生第一次接触。虽然在开课前教师可以通过一些渠道了解学生的背景，包括他的汉语水平、经历、学习要求等，但是毕竟与学生实际接触的感觉还是不一样的。因此，教师在教学最初的 10 分钟要特别注意观察学生的语言能力和水平。

上试讲课时教师有时需要临时改变计划。由于事先了解比较有限，因此有时教师上着上着，发现学生的情况与自己原来的预计有所不同。比如可能校方认为学生是中级水平，可是教师在教的过程中，发现学生其实是高级水平，这样自己原来准备的内容就明显偏简单了。原来要 45 分钟教完的内容，可能 20 分钟就差不多了。这时候，如果教学经历比较丰富的教师可以根据已有的一些材料进行深挖的工作。比如某篇课文，可能其中原有的一些语言点相对比较简单，这时候可以用一些较难的内容，与之进行对比，从而引出比较难的语言点，看学生是否能运用，从而把课程内容"深化"，使得课程难度与学生水平相适应。所以，新教师去上试讲课，教初级班或者零起点会比较容易，因为这个水平的学生特点比较好把握，而如果要教学过一段时间的学生，特别是中级以上的学生，新教师最好预先准备好几套不同难度的方案，内容未必很具体，这样如果发现原来的难度不合适，就可以及时调整。

试听课中除了学生想了解老师的教法以外，还希望能了解教材。如果学生有一定的听力能力，教师可以利用教学开始的一段时间简单介绍一下将要使用的教材特点和自己的教学方法，这样让学生对于教学有更加理性的认识。

和一般教学有所区别的是，试讲课其实要多展示你的优点，尽量发挥你的长处，将自己不擅长的地方隐藏起来。这不是欺骗学生，而是让学生看到你在教学中的亮点。比如某位老师觉得自己擅长设计和组织活动，那么应该在试讲课中设计一个活动，让学生体会到能在你的课上又轻松又有好玩地学习汉语。如果某位老师觉得自己操练做得很好，那就应该在试讲课中适当加入一些语言点操练，让学生体会到你紧凑的课堂教学节奏。试讲课好比是做广告，你要充分利用这 45 分钟的时间，展示出自己最擅长的一面。所以，如果你明知自己某方面不强，就不要主动触及。另外试讲课最忌讳的就是教师一言堂，从头讲到尾，这不符合语言教学的特点，也无法获得学生对你的认可。总之，教师在试讲课中需要注意扬长避短。

另外，试讲课中一定要注意跟学生的沟通。沟通可以是在正式上课前进行，也可以利用下课前的一点时间，了解学生的要求和对自己这节课的意见。一般来说，接受试听课的学生在一定程度上已经下决心要来学习汉语了，因此他们提出一些意见和要求，并不意味着他们对教师不满意，只不过想跟教师有更好的交流（如果真的他们不想学，反而可能没什么意见）。教师听取他们的意见和建议，不但对今后的教学工作有帮助，也有助于提高教学能力。

另外，讲课时教师一定要显示出教学热情，热情可以弥补教学技巧上的不足。而这种热情需要让学生感受到，比如你积极回答学生的问题，经常用鼓励的语气跟学生说话，都能降低学生对汉语学习的焦虑感，给学生留下好印象。

另外注意教学细节也很重要，不要写错别字，写错拼音、板书速度不要太慢等。当然试讲课不要迟到，注意着装整洁等也是新老师需要注意的方面。

总之，新教师应该精心准备，认真上好试讲课。

参考文献

方贤忠（2008）《如何说课》，华东师范大学出版社。

李虹、姚兰（2006）《实用应聘试讲教程》，西南师范大学出版社。

马爱玲、李兴良（2010）《教学智慧的生成与表达：说课原理与方法》，教育科学出版社。

| 第四课 |

如何进行语言点操练

【案例1】 一堂模拟课

李华先在黑板上写好"1、2、3、4、5、6、7、8、9、10、百、千、万",分别给这些词语加上了拼音,然后对同学说:"今天我们学习说数字,先跟我念,一、二、三……百、千、万。"

李华领读了一遍以后,正想再领读一遍,突然想起来中文里面还有一个"两",心里暗暗叫苦:"哎呀,备课的时候怎么忘记了。"还好,刚开始上课,还来得及补救。于是,他面对同学,又在黑板上写上了"两",加上拼音,旁边也写了一个"2"。看到下面的同学疑惑的表情,他想还是得简单说一下"二"和"两"的区别:"我们可以说二十,不能说两十,我们可以说两万,不能说二万。你们懂了吗?"学生们似懂非懂地点了点头。李华挺高兴,心想:"学生还挺聪明的。"

李华伸出手指,一边说数字,一边开始比画1—10的手势。有的学生开始跟着老师的手势做,可也有一些学生只是看着老师做。李华一边做,还不时用英语跟学生解释:"如果你将来去买东西跟中国人说不清楚的时候,也可以用手势表示,还有在中国讨价还价可以做这个手势。"

做完一遍手势以后,李华说:"竖起你们的小耳朵,听老师念数字。"然后自己开始念一遍数字,念得很快,学生们显然还跟不上这样的速度,但很多同学听了都觉得很有意思,笑了起来。

　　李华开始给学生逐一演示手势，同时要求学生看着自己的手势来说出这个数字。这个时候发生了一点小问题，因为李华有时候是做手势请某位同学回答，有时候又要做手势让同学说数字，结果使得几个学生搞不清楚李华的手势是要自己说数字呢，还是仅仅要另一个同学回答。中间发生了好几次误会，李华不得不多次停下来纠正。李华想看看学生是否能够根据自己的手势说出数字，因此他的手势并不是从小到大依次进行，而是打乱的，可是他发现绝大部分学生看到手势都没法说出数字，都要靠李华的提醒才能说一点。

　　这时，突然有学生问怎么说 zero，于是李华在黑板上写上一个"零"，并且写好拼音，领着学生说了一遍。"看来，汉语学习的确挺难的，掌握这些数字也不容易嘛。"李华暗暗想。

　　于是，李华抽了两个同学，让他们全部念了一遍。虽然发音有点问题，但是李华觉得刚开始学习的学生能练到这个水平还可以了，至少自己能听懂，所以没有纠正学生的发音错误。

　　接下来，李华在黑板上写了一组数字 56863292，让学生跟自己念这组数字，念完以后，告诉学生这是自己家的电话号码，学生们一阵激动。看到学生似乎对此很有兴趣，李华又写一个数字让学生念了一遍，然后告诉学生这是自己的 QQ 号。学生有点迷惑，因为这些外国学生刚来中国，不知道 QQ 是什么意思。李华只好解释了一下 QQ 是什么东西。

　　由于一直都在练习单个数字的读法，李华觉得也应该念一些多位数的数字了，于是说："我们来说百、千、万的数字吧。比如这几个数字……"李华在黑板上写上了 126、2010、1009、20001，"你们想想看，这几个数字应该怎么说？"显然学生说不出来，因为老师还没教。所以，李华看学生没什么反应，于是只好自己先说了一下，然后让学生跟着自己说。

　　练了两遍以后，李华想："一直这样练习，挺枯燥的，学生看起来都没什么精神，不如搞个活动吧。"李华在黑板上写"你的电话号码是……?"，并且加上了拼音。李华用英语解释了一下这句话的意思，然后用中文对学生说："你们互相问答，一个人问对方的电话号码，另一个人回答。开始吧。"学生显然没有听懂中文指令，都坐在位子上面面相觑，不知道应该如何进行，李华又用英语解释了一遍。这下学生们都明白了，开始互相问答。

铃声响了。"好，我们下课！"李华大声宣布。

【点评】

从上面的案例可以看出来，语言教学需要掌握一定的步骤和方法，才能实现"有效教学"。李华虽然已经想好了要教什么（比如"数字"），但是他的准备显然是不充分的，他没有非常细致地考虑教学的每一个步骤，对教学只是有一个模糊的计划，这样的结果就是课堂教学显得十分混乱，没有章法。

一、怎么确定语言点？

要想有效地实施教学，明确"教什么"是第一步。很多教师培训项目或者教师面试的第一步就是请实习教师划出要教的语言点，以此作为判断教学能力的依据之一。因此，能根据学生的水平和教材的特点正确判断出应当教授的语言点是新教师需掌握的重要能力之一。

对外汉语教学中，语言点是一个比较广泛的概念，不但包括一般意义上的语法，比如结果补语、把字句、连词等，也包括一些用法复杂的实词，甚至是一些比较常用的结构（语块），比如以下都是语言点：

看/听＋到

对……感兴趣

第一次＋动词

不管怎么样，……都……

一般来说，语言点的确定要参考以下几个方面：

（1）教材中的相关说明。教材或明或暗地告诉教师有哪些需要特别加以注意和训练的语言点。新教师要特别关注教材中的"语法注释"、"词语例解"、"练习"三个部分，因为这三部分往往能体现出教材编写者希望教师特别关注的语言教学重点。因此，教师一般从这三个部分中很容易确定需要操练哪些语言点。

（2）参考他人和自己的"经验"。在当前汉语国际教育的大背景下，学生的来源及特点各异。有些语言点，可能对某些国家的学生不必训练，而对于另一些国家的学生来说却必须强化。此时，结合自己以往的教学经验并听取对这方面比较了解的老教师或者项目负责人的意见，就能找到解决之道。

有些新教师完全不考虑学生的现有水平和本学期要达到的教学目标，而只是凭主观印象确定语言点。这样容易出现的一个问题就是教师选择了太多的语言点，反而使本课重点不突出了。事实上，确定语言点的时候，教师需要考虑学生的水平和特点，以及相应的教学目标。比如"常常"这个副词，对于刚开始学习的学生来说，显然是个语言点，必须要进行专门的训练，而对于一个已经学过一年的外国学生，"常常"就不必作为语言点来加以训练。又比如关联词"因为……所以……"对于一年级的学生来说的确很重要，可是对于二年级学生来说，则没有必要再进行大量练习。很多新教师在确定语言点的时候，抱着"保险起见"和"宁滥勿缺"的"原则"，把自己认为重要的所有语言现象都作为语言点教授，这就会造成主次不分，在有限的教学时间内，该练的部分练得不充分，而不必练的部分又练了很多，浪费了宝贵的教学资源。

二、操练的流程是什么样的？

确定了语言点之后，教师就要考虑如何来进行语言点的训练。无论是传统的3P（Present-Practice-Production）模式，还是最新的任务型模式（Task-based Instruction），语言点训练都是其中不可缺少的部分，只不过出现在不同的阶段中。

我们这里讲的操练（drill）实质是一种"准确性练习"，其目的就是要帮助学生尽快将"陈述性知识"转化为"程序性知识"，帮助学生提高语言运用的准确性。

每个老师都知道操练的重要性，然而在实际课堂中，依然有很多新教师花大量时间来进行讲解、解释，真正对学生进行语言训练的时间却不多。这可能有两个方面的原因：一是受教师自身教学理念的影响。新教师往往会自觉或者不自觉从自己以前的学习经历中去寻求教学的方法。很多新老师的教学理念都可以从他们以前在学校时的学习经历中找到根源。过去中国教育界多把外语作为一种知识来教，这就使得很多新教师也以同样的观念来看待国际汉语教学。他们唯恐学生不理解，因而拼命地讲解。他们认为，学生理解了语言现象，教师的工作也就完成了。对这些教师来说，他们最希望听到学生说"我懂了"，至于"我懂了"以后要做什么，他们头脑中没有概念。造成语言训练时间不多的第二个原因就是教师没有掌握操练的步骤和方法，他们不知道如何进行操练，操练要持续多长时间，达到什么强度才可以结束。

教师可以参考下面的教学顺序来进行训练，它的基本思路是从机械性训练逐步向有意义的训练过渡。需要说明的是，这只是一个比较常规的操练路子，在一般情况下比较有效，但如果是教儿童或者一些特殊学生，教师还要灵活处理。

我们以"对……感兴趣"为例来具体说明这个流程：

第一步：教师领读某个语言点，全班跟读，这也就是所谓"合唱"。合唱从某种程度上来说属于热身，因为学生需要逐步从放松的状态进入紧张的学习状态，而合唱正好可以起到促进学生注意力集中的作用。

朗读有多种方法，可以是只读语言点，比如"对……感兴趣"，或者快速读出课文中的句子"我们都对中国文化很感兴趣"。

教师可以把所有的语言点都事先写在黑板上，制作成PPT放映，或者做成卡片。可以采用先全部朗读，再逐一训练的"整体"方式；也可以采取先朗读一个语言点，训练这个语言点，再朗读第二个语言点，训练第二个语言点的"分步"方式。教师可以根据学生的情况和教学的要求来调整。

第二步：展示例句。光靠课本的句子往往不能使学生充分理解意义，这时候我们需要提供一些例句来帮助学生进一步了解该语言点的意义和用法。教师可以直接在PPT上显示例句（当然在黑板上写也行），或者通过与学生的问答引出某个典型例句。比如：

老师：你晚上几点睡觉？

学生A：我十二点睡觉。

老师：你早上几点起床？

学生 A：我八点起床。

老师：从十二点到八点，一共多长时间？

学生 A：八个小时。

老师：对了，我们可以说"他睡觉睡了八个小时"。

（老师展示 PPT 的例句）大家一起说"他睡觉睡了八个小时"。

学生：（全体说）他睡觉睡了八个小时。

老师：（做手势，对学生 B）你说。

学生 B：他睡觉睡了八个小时。

老师可以展示多个例句，为后面的操练做好准备。同时教师需要注意，在第一步和第二步教学中，老师在集体合唱之后可以让每个同学都说一遍，当然为了避免学生感到枯燥，不一定所有的学生都把每个例句说一遍。教师可以让五个同学说第一个例句，另五个同学说第二个例句。但是无论如何，要保证每个同学都开一次口。需要注意的是，老师的最后一个例子常常就是后面操练第一个问题的答案。这也是为后面的操练打一个基础。

第三步：进行操练。为了实现互动，最有效的操练方式就是用含有这个语言点的句子来向学生提问，学生也得用含有这个语言点的句子来回答。提问的时候要从易到难。

第一、二个问题建议用一般疑问句，比如"你对中国民族音乐感兴趣吗？""你对古典音乐感兴趣吗？"对于这样的问题，学生在回答时只需要重复教师问句除了"吗"之外的部分，难度很低，即使是水平较低的学生，也能回答。需要注意的是，如果学生简单回答"对"或者"是的"，教师要提示学生用完整句子回答。因为教师提问的目的是希望学生说出带有"对……感兴趣"的句子，虽然"对""是的"这样的回答方式在一般的交际中可以接受，但是没有达到操练语言点的目的。

一般疑问句或者选择疑问句练了几次之后，教师就可以用特殊疑问句来提问了。比如"你对什么音乐感兴趣？"同学回答完之后，只需问第二个同学"你呢？"不要再重复问"你对什么音乐感兴趣"。教师连续问了几个同学之后，可以适当总结一下再提出问题，比如"A 对中国音乐感兴趣。B 对美国音乐感兴趣。那么你对什么感兴趣?"

教师如何提问是操练课的核心，教师问的问题既要能够联系学生的生活，又要正好是学生可以回答的难度，这是教师准备语言点操练时的关键。

当然，有的语言点用提问的方法不好训练，可考虑其他的训练方法，比如，教师说出前半句，引导学生用指定语言点说出后半句。

第四步：总结并且收尾。教师挑选几个句子，以启发式带领大家一起说，比如：

教师：刚才大家都说得很好，所以我们知道 A 怎么样?

学生：(一起说) A 对中国音乐感兴趣。

教师：他对中国音乐感兴趣。很好，那么 B 同学……

学生：(一起) B 对美国音乐感兴趣。

这样，一个语言点的操练就基本完成了，可以开始下一个语言点的操练。如果能在最后的收尾阶段自然地带出下一个语言点的例句，整个教学则会显得更为流畅。

我们还是要特别说明，上述步骤只是为新教师提供一个参考，有一定教学经验的教师可以根据具体情况做调整。比如教师可以不领读，而直接请学生个别朗读；或者领读之后就开始提问；当然问题也不一定从一般疑问句开始，也可以直接从特殊疑问句开始问，等等。总的来说，在进行不同的语言点操练时要注意"同中有异"。"同"的好处就是当教师发出指令时，学生基本能清楚教师的目的和要求，不用再花时间考虑要干什么，而"异"又可以减少操练带来的枯燥感和疲劳感。

三、操练中要注意什么?

为了搞好操练，教师还要注意以下几个问题：

1. 适当运用手势和眼神。为了提高操练的效率，教师不必一直叫学生的名字，而可以利用手势、动作或者眼神示意，从而把更多时间留给学生回答问题。手势也要逐步固定，总是变化的手势会让学生不知所措。手势也不必太夸张，自然就好。教师在提问和听学生回答的时候，目光也应当关注学生。中国教师有时候不太习惯在听学生回答时一直看着对方，可是这样会让学生误以为教师不关心自己，造成不必要的交际障碍。

2. 事先在黑板或者 PPT 上写好需要操练的重点。如果教师使用 PPT，操练的句型和例句都会事先打在 PPT 上。如果不使用 PPT，那么我们建议教师在黑板的某一位置写好今天要操练的语言点。这可以让学生对这堂课一共要操练哪些语言点有个总体了解，也能在操练过程中利用他们来提醒学生注意。

3. 调整教室的布局。为了提高操练的有效性，在可能的情况下，我们建议对教室布置做一点改进。传统的语言教学中，教室一般都排成下面的样子：

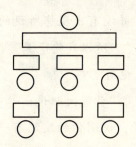

图 4 - 1　秧田式教室布置

这样的教室布置使得后排的学生离教师较远，而且教师一直在教室的前部，很难走到教室的后面，这样在操练的时候，教师与学生的交流就有一定障碍。所以，如果有条件，我们鼓励教师采用如下的教室布置：

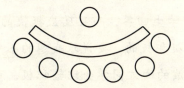

图 4 - 2　半圆形教室布置

　　这样的布置使得所有学生离教师的距离都差不多，教师很容易与学生进行目光的交流，也能很容易通过手势来指定由谁回答。在操练课中，这是一种比较好的教室布置方式。

【案例2】 造句是好方法吗？

　　李华已经听了好几次课了，他觉得听课以后的讨论的确能给自己很多启发。周二下午的讨论课上，李华就提出了自己的疑问："张老师，您多次跟我们强调不要用造句来进行操练，您说这对提高学生的语言能力帮助不大，而且会使课堂气氛变得紧张。我也认可您的说法。可是，今天上午的课堂上，那个王老师不也是在用造句进行教学吗？我觉得她的课堂气氛挺好的呀，同学们挺踊跃的，并没有出现您所说的课堂气氛不好的问题。您也一直告诉我们'教无定法'，所以我觉得课堂教学中很难说造句一定是不能用的，您的话是不是有点绝对了？"

　　"哦。"张老师面带微笑，"你能大胆说出心中的想法，挺好。而且你能够联系我讲课的内容来思考，说明你的反思有一定的深度，值得表扬。我早上也听了王老师的课，所以我们正好可以交流一下。"

　　张老师喝了口水，抛出了他的第一个问题："你觉得王老师今天的课堂气氛挺活跃的，对吧？可是，你没有觉得有什么问题吗？"

　　李华思考了一会，说："今天的课堂气氛我觉得总体来说是不错的。原来我以为老师让学生造句，学生会没有什么反应，大家都低着头，没人说话。可是实际情况是有学生回答，而且反应挺快的。老师说让大家造句，好几个同学举手要说，挺积极的。要说跟我想的不一样的地方，就是我原来以为那些平时开朗活泼的西方同学会比较积极，可没想到他们上课的时候挺安静的，都老老实实坐在后面，不怎么说话。反而是韩国同学挺积极的，几乎每个问题都抢着回答问题。我觉得那几个韩国同学差不多每个问题都愿意回答。您以前告诉我们，造句会让课堂气氛变得不好，我觉得这个可能也跟学生有关系。像这样的班级，造句还是可以用的。"

"课堂气氛真的很好吗？"张老师问李华，"你仔细想想，今天的课堂上有没有同学没有机会说话的呢？只是极个别的学生没说话吗？"

"倒也不是个别，还是有一批学生的。"李华想了想，说，"我觉得这个班两极分化比较严重，一批人特别愿意说，还有一批人一直不说。可是，我觉得不说的人是自身不努力。比如我看老师有时候也找一些不开口的同学来造句，可是他们都结结巴巴说不出来，浪费了不少时间，老师只好让其他主动性比较强的同学来说了。"

"可是，你有没有想过，会不会正是因为这些过于强势的学生的存在，造成其他同学的心理压力呢？记得以前你跟我介绍你们上英语课的时候，说你们班里几个英语很好的学生垄断了课堂，搞得其他同学都不想说了，还记得吗？是不是跟这个课堂有点像？你还记得自己当时的心理感受吗？"

"这点我倒是没想到。不过您这么一说，我觉得有这个可能。我们当年上英语课的时候就想，反正有好同学会回答老师的问题，加上自己的英语也不太好，一说就错。老师也不会点自己的名，所以就没有说话的必要了。"

"对呀，你想想我们进行课堂教学，是要保证所有的同学都得到练习口语的机会，如果只是一部分同学得到了训练，你能说这堂课很好吗？"

"可是，我觉得那些学生自身的因素比较重要呀，他们可能学得不好，或者他们不想说，那老师怎么办呢？我不能拿着棍子逼他们说吧？"

"你说得对。如果你遇到不愿意说的学生，你就得逼他们说话。当然你得想一些办法，帮助他们顺利地用汉语来表达，也就是得采取一些教学技巧。老师是一个推手，要帮助学生说话。无辅助的造句训练会使得班里面相当一部分同学没法参与到语言训练中，而且会破坏课堂教学的气氛，效果并不好。这种训练方式把教学责任推给学生，就无法保证教学目标的达成。所以如果你问我的意见，我觉得今天听的课其实不算成功，虽然表面上这堂课看起来还挺热闹的。"

【点评】

至今我们依然可以看到有一些教师在课堂教学中采用没有任何辅助的造句作为语言训练的方式。还有很多新教师不能正确认识当堂无辅助造句的局限性。他们总是不想抛掉让学生自己造句这种对教师来说非常轻松的教学方式。我们觉得造句可以作为课后作业的一种，但是在课堂教学中会带来很多问题，还是少用为妙。

四、什么是有意义的练习？

"有意义的练习"要求既能提高学生使用语言的准确程度，又可以超越无聊的机械操练。有意义的练习是指那些需要比较明确地理解所学内容的意义以后才能进行的练习，其中定式问答和情景造句是两种比较有效的教学方法。

"定式问答"要求学生用指定的词语或者句型来回答教师的提问。在这样的训练模式中，教师和学生似乎在进行某种问答对话，因而整个操练过程看起来非常自然、流畅。

定式问答其实脱胎于"替换练习"。传统的替换练习属于机械性练习，学生回答的内容真实性是不重要的。例如：

老师：我喜欢吃牛肉。

学生：我喜欢吃牛肉。

老师：（出示猪的图片）猪肉。

学生：我喜欢吃猪肉。

老师：（出示羊的图片）

学生：我喜欢吃羊肉。

　　替换练习是一种"刺激—反应"训练，在这里，学生真的是否喜欢吃牛肉、羊肉无关紧要。这样学生会感觉这个练习与自身的关联度不大，因而容易产生疲劳感。而定式问答的基本思路则是让学生来回答某个问题，而回答时必须（当然也是比较自然地）使用教师指定的句型，而由于回答时学生需要考虑自己的实际情况，因此就从"无意义训练"变成了"有意义训练"，因而每个学生的回答都是不一样的，学生也就会比较愿意去听其他同学的回答，不容易产生疲劳感和枯燥感。

　　定式问答最常见的形式，就是用带有某个语言点的句子提问。例如：

　　老师问：如果你有很多钱，你打算做什么？（操练"如果……，……就＋动词……"）

　　学生1答：如果我有很多钱，我就去旅行。

　　学生2答：如果我有很多钱，我就买一个大房子。

　　……

　　这时，学生要根据自己的切身体会、经验或憧憬来回答老师的提问，这样说出来的句子就不是无意义的了。

　　如果总是带着某个词或者句型提问，学生容易意识到这是在进行操练，而用某个词提问并要求学生用这个词回答的形式也与真实交际有所差异，因此，另一种定式提问的方法就是教师的问句中并没有出现某个词汇，却要求学生用某个词汇来回答。比如：

　　（操练：算不上）

　　教师：纽约大学是不是最好的大学？

　　学生1：纽约大学算不上最好的大学。

　　教师：你是你们班最聪明的学生吗？

　　学生2：我是最聪明的学生。

　　教师：（对其他学生）他说自己是最聪明的学生，你们同意吗？

　　学生3：不同意。他算不上最聪明的。

　　显然这种定式问答比带着词提问要难，一般可以考虑放在操练的后半部或者是复习课的时候用。

定式问答以让学生体会到在什么样的上下文语境或交际情境下可以使用某个句型。例如：

（操练"多/少 + 动词 + 一点儿"）

老师问：如果我长得比较胖，你应该说什么？

学生 1 答：你应该少吃一点。

学生 2 答：你应该多运动一点。

老师问：如果我每天都喝醉，你应该说什么？

学生 3 答：你应该少喝一点儿酒。

……

这样学生在进行有意义的回答时，能很自然地意识到"多/少 + 动词 + 一点儿"句型可以用在表示建议或劝告的情景当中。

我们发现新教师在做定式问答时，常常一个问题只问了一两个人就换新问题。出现这种现象的原因是教师担心学生会对反复问同样的问题感到无聊。可是由于学生是在学习一门新的语言，对他们来说，多听一两次同样的问题并不见得会觉得无聊，因为每个人都会有自己的回答，他们比较有兴趣听。因此感到无聊的人往往不是学生，而是老师。所以老师要克服这种心理意识，从学生和教学有效性两方面来综合考虑，不能仅从自己的主观感受出发来做判断。

有的时候，教师备课时感到某些语言点很难以提问方式进行操练，这时候可以灵活处理，采用情景造句的方式。

情景造句常用方式是教师说出前半句，让学生接后半句，例如：

老师：既然大家都会了，……

学生：既然大家都会了，那么我们就可以下课了。

当然老师也可以给出一个情景，然后引导学生说出句子。

老师：我想去北京旅行，可是我有很多工作，你说怎么办？

学生 1：既然你想去北京，那么你就得加班工作。

学生 2：既然你有很多工作，那么你就别去北京了。

很多教师之所以不愿意采用定式问答和情景造句的教学方式，其中一个原因就是教师很难想出合适的例句和问题，特别是初级阶段以后。我们认为，教师有以下几种途径可以得到例句：

1. 查阅专门的工具书。我们现在有专门的用例词典，很多对外汉语专用词典也配有例句，这些例句都可供教师在设计问题时参考。

2. 查阅其他教材。很多教材都有"语法注释"和"词汇例解"部分，其中都有大量例句，教师可以参考。

3. 上专门的语料库网站，比较知名的有北大语言学中心的语料库（http://ccl. pku. edu. cn）和语料库在线（http://www. cncorpus. org/）。

但是，很多例句或是书面语体，或在词汇难度和语义内容上不能马上拿来用（特别是语料库中的句子），教师还是要经过自己的修改和设计，才能应用到教学中去。即使是很有经验的教师，对于如何设计操练用的问题也常感头疼。不过，为了提高学生的语言能力，教师还是应在这方面下功夫。

五、一个实例分析

上面谈的主要是针对某一个语言点进行操练要注意的问题，然而在实际教学中，我们往往集中一段时间，专门对多个语言点进行训练（比如很多学校和留学项目中的"操练课"），因此我们有必要来分析一下，看看教师是如何处理多个语言点的。

本次操练的内容如下，在课前教师已经把这三个语言点写在黑板上了。

```
为了……而……

对……不利/有利……

为……服务……
```

以下是操练的主要过程，我们主要保留了教师的讲话，对学生的回答做了删减，这样可以帮助新教师更好地看清楚这位教师的提问特点：

教师：你们来上海多长时间了？

学生：我们来上海三个月了。

老师：你们为了能来上海学习而做了什么？

学生：我为了申请来上海而跟负责老师谈话了。

老师：好的，那你们为了上大学而做了什么？

学生：我为了上大学而考了 SAT。

老师：刚才我们都说了上学，读书。现在我们来说点轻松的事情。你如果想找男朋友、女朋友，你会做什么？你可以说，我为了找男朋友或者女朋友而……。

学生：我为了找女朋友而去酒吧。

老师：你觉得去酒吧对找女朋友是有利还是不利？

学生：我觉得去酒吧对找女朋友有利。

老师：你觉得每天吃麦当劳对你的健康有利还是不利？

学生：我觉得每天吃麦当劳对我的身体健康不利。

老师：你觉得像麦当劳这样的美国公司，在中国开工厂，对中国的工人是有利还是不利？

学生：像麦当劳这样的美国公司，在中国开工厂，对会说英语的中国工人有利。

老师：对美国的工人呢？有利还是不利？

学生：对美国的工人不利。

老师，对美国的老板是有利还是不利呢？

学生：对美国的老板有利。

老师：中国很多人出国留学，比如，去美国，你觉得这些人出国留学，对中国有利吗？

学生：很多人出国留学对中国有利。

老师：对美国呢？

学生：对美国也有利。

老师：你们毕业以后会留在美国吗？

（有的学生点头，有的摇头）

老师：（提问一位韩国学生）你毕业以后，你打算留在美国，为美国服务，还是打算回到韩国，为韩国服务？

学生：……

在这个案例中，老师为提高教学效果，在提问时注意到了以下几个方面：

1. 合适的数量：每个语言点约准备4—5个问题。老师提问的内容一般都集中在与学生自身关系密切的话题上，如来中国、来上海、找男女朋友、食物、健康等。

2. 问题的关联性：问题和问题之间有一定的联系。操练的各个问题之间都或多或少有一定的关联性。这样学生在回答完上一个问题时，不会突然去回答另一个完全不相关的问题。老师提问的句子经常是一部分改变，而保留另一部分，这样问题的难度在提升，可是有了前面问题的支撑，后面的问题并不显得很难。

3. 自然地过渡：教师注意在语言点和语言点之间用些过渡的句子，可使操练自然地从上一个语言点过渡到下一个。

4. 学习和复习相结合：在增加一个语言点的难度时，老师并没有单纯地使用单句变复句的方式，而是注意结合过去学习过的语言点，如"因为……"、"为……做贡献"等，而在三个主要语言点练习之后，老师的提问重新回到了第一个语言点，加强学生的印象。

5. 一定的等待时间。这位老师在每个问题之后都会有2—3秒的停顿时间给学生思考，尽量避免连续提问，给学生的回答造成困难。不过，也要注意，在等候了一定时间后，若学生仍无法回答问题，老师就不能再继续等待下去，不然会造成冷场；这时应该采取措施，如改变提问方式或内容来引导学生回答。

【案例3】　制作专业化的PPT

李华把明天上模拟课要用的PPT做好了，他想先让张老师看一下，于是把PPT拷贝在U盘中，带到张老师的办公室，请张老师提意见。张老师在电脑里打开了李华的PPT，看了起来。

"张老师，您觉得怎么样？"李华问。

"看得出，你花了不少心思，做得挺漂亮。可是你有没有考虑过为什么要做PPT呢？"

"现在上课都用PPT呀。我觉得用了PPT，教师就减少了写黑板的时间，可以充分发挥课堂效率。而且PPT可以结合图片、多媒体，更能抓住学生。"

"对的。你说的是一般利用PPT的好处。可是，你要特别考虑一下，在对外汉语课堂上，如何充分发挥PPT的作用，而不仅仅是一个简单的展示功能。比如你明天是上操练课吧，我觉得你的PPT还不够好。"

"我用了很多动画和技术的，为什么还说不够好呢？"李华心想。

张老师似乎看到了李华心里的疑问，指着其中的一张PPT说："你用了动画，学生可以先看到说明，然后再看到例句，你没有一次都全部展示给

学生，这说明你有自己的教学设计，这很好。可是仔细看你的 PPT，全部都是密密麻麻的汉字，你想想现在的班级，西方同学很多，一张页面这么多汉字，他们岂不是都要看花眼了？还有，语法说明也都直接放在 PPT 上，有没有考虑过学生能否读懂？学生读不懂的东西其实没必要打在 PPT 上，不如通过例句来说明。

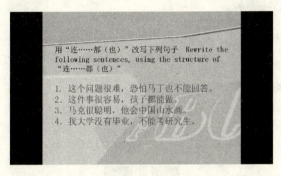

"而这张练习的 PPT，你反而是把所有练习题都一次打出来，为什么没有用动画让每个题目依次出现呢？依次出现可以让学生的注意力集中在某一个题目上，教学效果比较好。

"你现在的 PPT 基本上就是课本的一个电子版本，没有充分考虑如何利用 PPT 的优势来进行操练，而只是一个单向展示的电子文件。实际上，PPT 可以为我们创造一个操练的语境，把原来需要教师解释的语境直接展示出来，教师可以通过 PPT 里面不同文字和图片的出现顺序，以互动的方式创造出操练语境，提高操练效率。"

【点评】

PPT 是现代课堂中普遍使用的一个现代化教学工具。但是很多新教师将 PPT 搞得太复杂，华而不实。还有一些新教师只看到了 PPT 展示各种图片和动画的功能，却没有考虑到如何利用它来创设情境、实现互动。语言教学的互动性是教学成功的关键，PPT 设计也必须如此。

六、制作 PPT 要注意什么？

为了能有效实现互动，制作操练用的 PPT 需要注意下几个方面：

1. 页面简洁。有很多教师喜欢用图片来点缀 PPT，其实，除非必要，否则图片只会分散学生的注意力。

2. 一张 PPT 只呈现一个主题。页面的内容应当单一，不要把过多的内容都放在一张 PPT 里面。有的老师担心这样 PPT 张数太多，那么可以考虑把一个大的 PPT 分成几个小专题，每个小专题做一个。比如下面这个例子，每张 PPT 都只有一个操练的句子，看起来页面很简单，教学效果就不错。

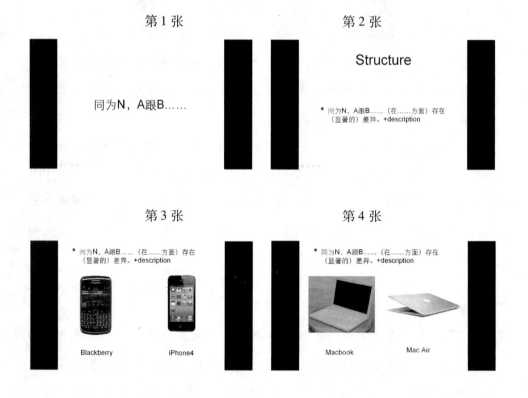

第 5 张

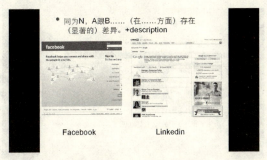

Facebook　　　　Linkedin

3. 巧妙创设情境。PPT 的缺点就是以"展示"为主，但是通过教师的口头语言使用，我们也可以把互动性融入到利用 PPT 的教学中去。

上例的 PPT 实际就是一个情景造句的使用。学生参考 PPT 的提示，来说出包含语言点的句子。这个 PPT 中直接给出对比的两张图片，学生看着图片就能说句子，效率很高。如果教师想让操练变得更加自然，像聊天一样，也可以考虑依次展示图片，在与学生的互动中完成操练。比如下面这个例子。

此时老师说："我们要练习'一方面……另一方面……'这个句型。"然后出现下面一张 PPT。

此时老师问学生："你知道这是哪家餐厅的标志?"学生回答："肯德基。"

出现这张 PPT 时,老师问:"肯德基在中国只卖汉堡包吗?"学生回答:"肯德基一方面卖西式的汉堡包,另一方面也卖很多本土化的食品。"

上例中,教师的提问与每张图片的内容都是相关的,以图片和问题创造出一个自然的对话。当然有时候,如果教师担心学生无法完全回答,需要某种提示,也可以利用 PPT 的动画功能来实现。比如下例:

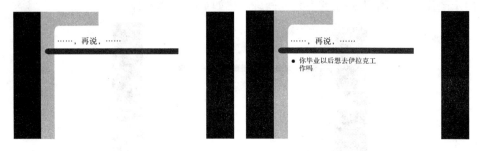

老师提问"你毕业后想去伊拉克工作吗?",学生纷纷回答"不愿意。"老师继续问:"为什么不愿意呢?"此时学生可能无从回答,所以老师让下面的 PPT 画面依次出现。

学生理解教师的目的，因而回答："我不想去，伊拉克很危险，再说我也不会说阿拉伯语。"

4. 通过多种方式来强调，加深学生的记忆。PPT 上不宜采用过多的颜色，重点内容可以用特别的颜色表示，以引起学生注意，加深印象。如下图：

另外必要的动画也可以起到加深印象的作用，如下图所示：

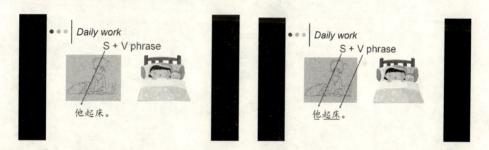

总之，做 PPT 人人都会，但是怎样做得好、做得有效就需要教师们仔细琢磨了。

参考文献

毕念平（2010）《初级汉语课堂教学演示》（DVD），外语教学与研究出版社。

崔永华、杨寄洲（2010）《对外汉语课堂教学技巧》，北京语言大学出版社。

靳洪刚（2004）中文教师提问能力的培训 The Importance of CFL Teacher Training Elicitation Techniques, *Journal of Chinese Language Teachers Association* 第 3 期。

靳洪刚（2005）第二语言习得与语言形式为中心的结构教学探讨 Form‑focused Instruction and Second Language Learning: Some Pedagogical Considerations and Teaching Techniques, *Journal of*

Chinese Language Teachers Association 第 2 期。

卢华岩（2007）《对外汉语课堂教学行为的理论与实践》，北京语言大学出版社。

朱永平（2007）控制式操练教学法在不同年级汉语教学中的运用，《汉语教学：海内外的互动与互补》，商务印书馆。

| 第五课 |

如何设计和实施课堂活动

【案例1】 这个活动有什么问题?

 为了让学生有更多练习语言的机会,李华决定在教学实习中设计一些活动。他今天上课的主题是"问路",主要的教学目的是要学生掌握诸如"请问,图书馆在哪儿?""往前走,到第一个路口左拐"之类的常用句型。李华觉得这篇课文功能点挺清楚的,活动设计不怎么复杂。

 第二天上"问路"这课也挺顺利的,看起来学生对句型和词汇掌握得都挺不错。于是,李华开始布置交际活动了:"同学们,我们现在要做一个问路的活动。我现在发给每个小组一张地图,这是我们华东师范大学的地图。你们同桌两个人一组,一个人扮演问路的人,一个人扮演指路的人。假设你们现在是站在学校的正门口,一个人要到学校的图书馆和办公楼,而另一个人看着地图告诉他。注意,你们在做这个活动的时候,要使用我们课本中学到的词汇和句型。我已经把一部分句型和词汇写在黑板上了,所以你们可以看着黑板来说。如果练习完了,那么交换一下问路的人和指路的人的角色,可以再练习一遍。我给你们15分钟时间练习,大家听清楚了吗? 明白吗?"

"明白了。"学生们回答。

"好，开始吧！"李华觉得这个班学生还是挺聪明的，于是做手势示意同桌的学生开始进行会话。教室里顿时变得很热闹。李华心里挺高兴的，手撑在讲台上，看着学生两人一组对话。

突然，李华发现坐在前排的两个日本学生东张西望，有时候还转过头去，去问后面的同学。于是李华走下去，问他们："你们知道怎么做吗？""知道知道。"两个日本学生频频点头。李华没有马上离开，他想看看这两个日本同学怎么进行对话。两个日本同学看了看李华，还是面面相觑。李华明白了：他们可能没有理解自己刚才的指令。于是他拿起学校地图，开始问其中一个叫山本的同学："请问，去图书馆怎么走？"同时，他先手指着正门，接着手指在地图上移动到图书馆，并且提示学生说："先……，然后……"山本一下子明白了。开始用刚才学到的句型和词汇说出了路线。听完了山本的说明，李华点点头，然后问他们："现在能做了吗？"两位日本同学重重地点点头，脸上露出不好意思的表情。

李华又在教室里巡视，不时指导一下同学，忽然发现已经过了 15 分钟了，于是他果断地宣布："好了，现在活动结束，马上结束，不要再说了。我们请同学们两个人一组上来，表演一下你们刚才会话的内容。"学生显然没想到时间过得这么快，不情愿地停了下来。

李华扫视了一下班里的学生，然后叫道："马克和艾丽，你们一组，来表演一下刚才准备的内容。"学生就这样一组组被叫上来，分别表演刚才准备的对话。

下课以后，李华问了一下同学们对那个活动的看法，好几个韩国和日本同学都说挺好的，可是美国学生马克却觉得这个活动没有意思，他说："这个活动挺无聊的，我们都明明知道那个地方在哪里，还非要表演出来，好像自己不知道。太假了。"

李华听了以后，觉得其他同学都说好，就马克说不好，真是不给自己面子。虽然自己因为马克平时积极举手回答问题挺喜欢他的，不过听到这样的评价，自己的心里多少有点不快。语言学习不都是这样吗？记得自己当年学外语，老师也是让大家做这样的活动，也没人说不好呀。自己的活动设计真的有问题吗？

【点评】

　　李华虽然设计了活动，但是参与活动的两个学生掌握的信息是一样的，因此他们其实对于到底"办公楼在哪儿"，早就知道了，只不过为了教学的需要，而故意表演出来给老师看。这样的活动固然练习了问路的句型和词汇，但却不完全是发自内心的问答。在这种情况下，学生们自身的交际动力是不足的。同时在组织活动实施的时候，李华也表现出经验不足。这说明，语言活动的设计和实施都是国际汉语新教师应该特别注意的地方。

一、什么是"活动"？

　　为了增加学生使用汉语的机会，很多教师在教学中都会设计一些活动。特别是在中小学的对外汉语教学中，搞一些语言活动能减少学生们对汉语学习的畏难情绪，使得单调的语言学习变得轻松有趣。教师们不仅在口语课中使用活动，在综合课（精读课）中也经常使用。因此，对于国际汉语教师来说，设计一个"有效"的活动正是他们自身专业能力的体现。

　　需要说明的是，我们此处谈到的"活动"比较接近于以往很多专家提到的注重输出性能力训练的"流利性练习"（fluency activity）。这类练习侧重于训练学生表达的流利性，所以对学生口语输出的准确性要求不如操练那么高。它往往采取比较自然的方式，很多交际活动（communicative practice），比如教学游戏、角色扮演、调查、讨论等都可以归为流利性练习。学生为了完成这些活动而使用汉语进行必要的交流，也就实现了"做中学"。这就是现在很多专家提倡的"基于任务的教学"（task-based instruction）或者"借助任务的教学"（task-supported instruction）。Skehan 描述了"任务"的特点，这也可以看成是我们所说的"活动"的特点。

1. 表达意义是首要目的。

2. 学习者需要解决某个交际问题。

3. 学习者所要做的事情与现实生活中有某种联系。

4. 完成任务最重要的。

5. 对活动的评价要以结果为依据。

有的老师认为，既然活动的目的就是要学生开口，于是就组织学生进行诸如表演课文、复述课文之类的"活动"，其实这是不够的。在表演课文、分角色朗读中，学生所要表达的并非是他自身想要说的话语，而是课本中预先设定好的内容，而社会环境的复杂性使得学生在现实生活中绝对不可能完全按照课本预定的内容去进行交际，因此，表演课文不能算成是活动。

还有的老师认为既然是让学生说自己的话，那就不要做什么限制，只要安排好会话的主题就行了。其实，在语言和内容上完全没有限制的这种放任自流的做法同样是不正确的。因为课堂学习就是希望能够比较高效地掌握语言，如果没有任何限制（其实也就是学习），学生不可能真正学到东西。特别要强调的是，我们所说的活动并不是简单的"玩"或者"做游戏"。教师在设计活动时必须考虑学生做完活动之后能够得到什么收获，也就是说能够达到什么样的教学目标。有的教师主观上认为学生一定愿意"玩"，其实不然。相当一部分成年学习者已经有了自己的学习习惯，对于以活动的方式来学习语言抱有某种程度的抵触情绪，认为那些活动比较"幼稚""无聊"，而传统的学习语言的方式似乎更有效率。因此，有时候教师需要告诉他们能够从"玩"中获得什么，也就是告诉成年学习者某个活动的目的。

二、活动设计的关键在哪里？

搞好活动的关键就是要保证交际双方有交际动力。为了能使得双方开始交流，

"差异"的存在是必不可少的。这里所说的"差异"包括信息差和观点差两种。所谓信息差，是指某个人或某些人拥有别人所不知道的信息。而观点差则是指交际双方对某个问题有不同的看法，并且有说服对方的需要。交际理论认为，差异的存在是交际双方进行语言交流的前提条件。正因为双方的信息和观念不完全相同，所以交际的双方需要沟通，用语言（比如目的语汉语）来交换信息，分享各自所占有的"情报"以达到某个交际目的。

从这个角度来说，没有设置差异的口语活动其实不算是一个好的活动。有的学生在做角色扮演的时候只是单纯替换掉课文中的某些词汇，比如，课文中是商量去北京旅行的计划，角色扮演就改成两人商量去四川旅行。这样的活动表面上可以让学生说很多，但其实因为有了课文的提示，A 同学其实已经知道 B 同学后面要说什么，所以他并不会去认真听 B 同学所说的内容，而只是考虑接下来自己要说什么话。学生在做完这样的角色扮演活动之后常反映"很假"、"像演戏"。原因就是这种对话与真实交际有很大差距，无法真正提高学生的语言能力。而有的讨论活动，学生受到自己文化和语言能力的影响，表达的意见大同小异，这也无法激发起大多数人表达的愿望。有的教师喜欢每节课安排一位同学做"值日生报告"或者"三分钟演讲"之类的活动，而在活动之后并没有安排其他同学提问等环节，这种活动的有效性是值得怀疑的。

由于课堂教学中的活动目的是帮助学生提高语言能力，因此，教师在设计时需要考虑到有哪些表达方式可供学生使用，并清楚地加以说明。有的老师采取强制性的做法，诸如必须使用多少个句型等，不过这种做法比较生硬。我们可以考虑通过一定的设计，巧妙地把活动和语言结构的训练结合起来。最理想的情况是，学生在参与一个有意义且具有真实性的活动的同时，又自然地重复了某种语言形式。例如下面这个编写班级通讯录的活动：

在这个活动中，内圈的人和外圈的人面对面站立，互相用"你叫什么名字？""你的电话号码是多少？"提问，并且记录下来（姓名可以用拼音），而问完对方情况以后，教师让所有外圈的同学朝某个方向移动一位，此时内外圈的同学又是新的组合，又可以问相同的问题，回答并且记录。如此一圈下来，问答都在十次以

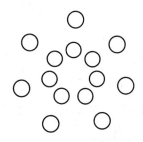

两排学生组成内外圈的图形

上。当问答完成之后，内外圈任意两个学生组合，把自己手中的通讯录与对方的相拼合，就可以组成一份全班的通讯录。

这个活动有一个明确的目的：制作通讯录。因此学生的注意力都集中在这个活动上。而活动中，学生需要多次提问和回答，语言能力也有很大的提高。在实践中，学生刚开始的问答需要两三分钟，而随着他们越来越熟练，最后几次问答都在半分钟左右就完成了。

因此，判断一个活动成功与否不在于这个活动进行得是否热烈（这只是判断因素之一）。教师在设计活动时要兼顾语言功能和语言形式，尽可能平衡流利性和准确性之间的矛盾，为学生最大限度地创造自然运用语言的机会，帮助他们在交流中掌握语言。

【案例 2】 可以设计什么活动呢？

"真伤脑筋！有什么活动可以做呢？"李华又在为设计活动而绞尽脑汁了。突然，他看到张老师走进办公室，眼前不禁一亮：还是请教一下张老师吧。

"张老师，您有空吗？"李华跟张老师打招呼。

"有空，你有什么问题吗？"张老师总是那么耐心。

"张老师，我想请教一下。您看我教的这课内容，可以搞点什么活动呢?"李华说出自己的疑问,同时打开了课本。

张老师一看,这是一篇"把字句"的课文,主要涉及以下四种句型:

我把书放在桌子上了。

他把书放到我的柜子里了。

他把钱交给我了。

他把这本书翻译成英语了。

"哦,这是'不可转换的把字句'呀,这些句子一般没法不用把字句来说的。你觉得什么地方有困难呢?"张老师又补充了一句:"你想到了什么活动呢?"

"我觉得这课文就是练习一个语法点,没法搞什么角色扮演活动。所以我想到一个游戏:我事先做两组卡片,一组是名词,比如写着'桌子、椅子'之类的,另一组是动词,分别写着'放、交、送、摆'这样的动词,我随机从这两组卡片中分别抽取一张,看哪组能最早用'把'说出一个句子,这个小组就得一分。我总觉得这个活动还不太好,可问题是我想不出更好的活动。您有什么建议吗?"

"这个游戏有点竞争性,还算不错。不过这样的活动说到底还是造句的变体,学生只是在说一个句子,而这个句子本身跟他自己没有什么联系,可能学生会说这个句子,但还是不知道怎么用,什么时候用。你想想,有什么办法能让学生知道什么时候可以用呢?"

"对呀,我的设计是有这个问题。那这样,我可以准备一个包,包里面放很多东西,比如,铅笔、书、本子等。我做一个动作,把本子从包里拿出来,然后让同学说,看谁先说对,说对的人就给一分,这样也有竞争性,您看这样的练习怎么样?"

"有进步,不过你觉得如果只是由你来做这样的动作能激发学生表达的兴趣吗?能不能找到一个有趣的人来做?"

"有趣的人?谁会到课堂中来帮我做这样的动作呢?"

"有啊，"张老师从抽屉里拿出一张光盘，对李华晃了晃，"就是他。"

李华一看，是一张"憨豆先生"（*Mr. Bean*）的 DVD。张老师把 DVD 放到电脑中，找到其中的一段，屏幕上出现了憨豆先生回家以后布置整理房间的场景。张老师对李华说："李华，你看憨豆先生没有什么语言，几乎都是肢体动作，所有的学生都能看懂。你看他整理房间的场景，是不是都可以用把字句来说呢？"

"对呀，他把沙发推到房子中间，他把照片挂在墙上……真的能说好多句子呀。这个活动不错。我可以让学生看完录像以后分组说句子，说得最多的小组就是第一名，一定能激发他们的表达热情。"

"你刚才想到的都是小组竞赛，如果从信息差的角度，你有什么活动可以设计呢？想想憨豆先生在干什么？"

李华想了想，说："有了，可以搞一个搬家的活动，一个人做搬家公司的工人，另一个人做主人，主人手里拿着一张房间家具布置的示意图，工人手里拿着一张同样房间的平面图，但是没有家具的布置。主人用把字句来告诉工人要把家具放在房间的什么地方，而工人是需要根据主人的说明在自己的房间平面图上画出家具的位置。做完以后，他们互相比较一下就知道自己做的情况了。"

"真聪明。这是一个很好的活动。其实还有其他一些设计，比如告诉别人怎么做菜，这也经常要用诸如'把土豆切成丝''把鸡蛋放到锅里面'等类似的话语，也是一个很好的练习把字句的场景。你可以让学生回家先准备好某个菜的做菜方法，当然尽量用上把字句。上课的时候两人一组，每个人都要把自己那个菜的做菜方法告诉对方。这个也是利用信息差的活动。"看李华不停地点头，张老师又指着自己电脑屏幕问："你看我电脑上的这个 flash 游戏，知道这是什么吗？"

李华一看，张老师的电脑屏幕上出现了一个"羊狼过河"游戏画面。

"你会玩儿吗？"张老师问。

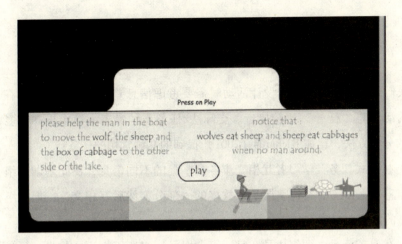

"这有什么难的，我可是游戏高手。"李华一边说，一边轻点鼠标，没几下就完成了游戏。

"好的，你说一下刚才你是怎么顺利完成整个游戏的？别忘了用把字句说呀。"

"哦，这个也是一个练习说把字句的好办法呀。"李华恍然大悟。

"对，这个游戏小孩子特别喜欢玩，所以，你可以先让他们玩这个游戏，这时候好像是在考察他们的智力，玩完以后让他们用把字句说出来，他们一定会很乐意的。李华，怎么样，把字句的活动挺多的吧！"

【点评】

李华一开始设计活动经常想到要有竞争性，其实这只是活动的一个方面。游戏固然能够调动起学生竞争的欲望，但是毕竟与现实生活有差距。因此，了解某个句型的典型用法和典型环境对教师设计活动十分重要，这其实也就是 Focus on Form 的思想。在上面的例子中，李华和张老师为把字句设计了多种课堂活动，相信学生们经过这么多的训练之后，使用把字句的能力应该有所提高吧。

三、活动有哪几种？

我们前面谈到，教师在设计活动时需要考虑信息差或者观点差的存在，因此这样的活动与"任务"比较接近。交际法/任务型的参考书籍中，有很多种"任务"的分类方法，比如 Richards（2001）提到的几种常用的任务：

1. 拼图式任务：学习者互相交流各自掌握的不同信息，在此基础上组合成完整的信息。比如三个人各掌握某个故事的一部分，然后互相交流，把它组合成一个完整的故事。

2. 信息差活动：两组成员，每一组掌握另一组所不知道的信息，通过语言交流来掌握未知信息。

3. 解决问题的任务：学生根据教师或者教材提供的信息，经过协商讨论提出解决问题的方案。

4. 决策任务：学生对多种解决方案进行讨论和比较，选择出一个最合适的。

任务还有其他的一些分类方法。例如 Willis 曾经把任务分成罗列（listinig）、排序和分类（ording and sorting）、比较（comparing）、解决问题（problem solving）、分享个人经验（sharing personal experience）和创造性任务（creative task）六种。

现有的这些分类方法多是从活动的形式或者结果来进行界定的。而很多新教师的困难在于不知道如何设计活动。他们常常反映自己想不出什么活动，因此新教师不仅需要知道有哪些活动形式，而且需要学会如何去设计活动。这里我们为新教师提供一个设计活动的思路，相信会对新教师有所帮助。

四、怎么设计带有差异的活动？

前面讲过，要想在活动中让语言学习者有效地进行沟通，差异（包括信息差和观点差）的存在十分关键。事实上，Richards 提出的四种活动种类中，前两种需要信息差的存在，而后两种则需要观点差的存在。因此，创造并且利用这些信息差和观点差就成为教师在设计活动时首先要考虑的问题。我们的基本思路是，如果已经存在着信息差和观点差，那么我们就直接利用并设计活动。如果信息差和观点差不存在或者不明显，那么需要通过人为的规定和前期的准备创造出来。

在教学准备中，教师有三种途径来发现和利用差异。第一种是利用社会中真实存在的差异；第二种是教师通过一定的手段，人为规定和造成差异；第三种是通过热身活动而自然产生出一定的差异。当差异找到（或者产生后），教师的活动设计就会变得容易多了。下面我们分别给出例子，详细说明：

1. 利用真实存在的差异来设计活动

我们的课堂常常是一个多元化的小社会，学生国籍、年龄和经历都存在一定的差别，教师在设计活动的时候应该充分考虑和利用学生的这些差异。这些活动也能激发起学生表达的愿望。

调查就属于这类活动。调查活动可以在班级内或者小组内进行，也可以让学生到社会中去进行。即使在海外没有中文环境，也可以让学生到"中文角"这样的地方去访问中国学生。而且调查活动也不一定要等到学生有了很高的汉语水平再进行。即使刚学了一个月中文的学生，我们也可以设计如下的简单调查表，让学生去做：

姓名：_____

年龄：_____

家庭成员：_____

等到学生调查完之后，再把调查的结果在班级或者小组中做个汇报。

调查和角色扮演之类的活动有本质的区别，因为受调查的学生是在表达自己的真实想法，说明真实情况，而不是在演某个人。学生对于班级里其他同学或社会上的一些情况总是很感兴趣，因此，调查活动能有效地调动学生的积极性。下面是另外一个例子：

活动名称：你每天都做些什么？

（1）教师做一些卡片，内容是：起床、吃早饭、去上班/上课、吃午饭、回家、吃晚饭、看电视、洗澡、睡觉等。

（2）教师根据图片提问学生：你几点/什么时候……？

（3）教师发给学生下面的表格：

	我	同学 1 的名字	同学 2 的名字	同学 3 的名字
起床				
吃早饭				
去上课				
吃午饭				
回家				
吃晚饭				
看电视				
洗澡				
睡觉				

（4）全班 3—4 人一组，同组的同学轮流问其他同学，并且填表。

（5）教师针对表格内容，向他们提问：

你们小组谁起床最早？

谁睡觉最晚？

谁最喜欢睡懒觉？

……

（6）不同小组的人交流一下，向老师报告：

我们班起床最早的是……

我们班睡觉最晚的是……

……

讨论则是利用真实存在的观点差进行的活动。要想讨论成功，教师必须认真考虑讨论的题目，既要让学生有话可说，又要让学生能有不同的意见。因此能够引发观点差的讨论题目十分重要，比如"好老师最重要的条件是什么？是聪明，还是知识丰富，或是有耐心……"每个人的心中对好老师的看法各不相同，这样的讨论才有意义。

要想取得讨论的成功，最好能够使得讨论有一个结果。例如：

关于生存的讨论

如果你被困在撒哈拉大沙漠里，在下列物品中，哪些对你来说特别重要，请排一个顺序并说明理由：

六包香烟、十条毯子、地图、十米长的绳子、帽子、旧报纸、铅笔、手表、三瓶水、刀子、放大镜。

分组讨论中教师应要求整个小组的同学取得一致意见。这一点很重要，因为小组中肯定有不同意见（也就是观点差），而要求小组取得一致意见就使得某些成员必须说服另一些成员。在说服的过程中，他们必然要聆听对方的观点，详细阐释自己的意见，这就促进了他们用所学语言进行交流，也就达到了语言训练的目的。

2. 人为规定和设置差异以保证活动进行。

在课堂教学环境中，很多时候可能没有差异存在，这时就要靠教师人为地设置差异，形成一种模拟性的活动。典型的例子就是角色扮演（role play）。

角色扮演的一般做法就是发给学生不同的角色卡片，而在卡片上已经规定好了不同的人物角色和他要表达的话。

角色扮演：租房

房东的卡片	房客的卡片
房子：公寓，2 室 2 厅 2 卫 厨房：有冰箱，没有微波炉 卧室：1 个朝南，1 个朝北，有空调，带家具 客厅：有空调、没有卫星电视 大楼：一共 16 层，每层 4 户，有电梯 周围：西边有银行，附近有公共汽车站	大楼有＿＿＿层，每层楼有＿＿＿家 本套房子是＿＿＿室＿＿＿厅＿＿＿卫 设备：微波炉、冰箱、彩电、空调 其他：＿＿＿＿＿＿＿＿＿ 家具：＿＿＿＿＿＿＿＿＿

上面这个活动每个人都要根据自己卡片的内容来组织话语，在提问和回答中练习租房中要使用的语言。相信经过这样的课堂模拟训练，到现实生活中，学生就能够应对自如了。因此，角色扮演活动对于功能项目（比如道歉、感谢、问路等）的训练是一种比较有效的方式。

前面提到的讨论活动也可以跟角色扮演相结合。虽然教师一般在布置讨论题目时都注意到能让学生有不同的观点可说，可是实际操作中仍然会出现学生对某个问题意见差别不大的情况。因此，可以考虑把一般的讨论活动转变成带有角色扮演的讨论活动。比如下面的例子：

讨论话题：应该不应该对回收电子垃圾收费？

我们可以把学生分成几组，分别代表不同的集团发表自己的意见：A 组代表政府，B 组代表经销商，C 组代表消费者。由于各组学生都要以自己所扮演的那类人的立场来发表意见，这样观点差自然就建立起来了。

事实上，"做决定"（decision-making）活动也经常可以跟角色扮演结合起来，比如以下的例子：

决定：谁是最合适的人选的讨论

假设公司要招聘一些员工，同学们可分别扮演公司的部门经理、人事部经理等，然后对一系列应聘人员的材料进行审查，以决定对某个工作或岗位最合适的人选。（教师需要预先准备多份不同的应聘材料）

上述活动与角色扮演相结合以后，参与活动的学生对自己有清晰的定位，在活动中不仅要表达自己的意见和看法，更要说服他人，使整个活动具有很强的真实感，也更能激发学生的创造力和想象力。

3. 通过预备活动创造出信息差。

人为规定的差异虽然有效，却显得生硬，可能会引起部分学生的抵触，而且学生可能觉得教师设置的角色内容并非是自己愿意说的。因此，比较好的方式是通过一些预备活动制造出信息差，然后再进行语言练习活动，这样产生的差异比较自然，学生做起来就比较容易。

活动：约定会面的时间

（1）预备活动：准备小组活动（5分钟）

教师给每个同学发一张如下的时间表

	星期一	星期二	星期三	星期四	星期五	星期六	星期日
活动							

教师要求每个人在这张时间表任意安排四个晚上有事，留出三个晚上有空。比如 A 可能是这样的：

A	星期一	星期二	星期三	星期四	星期五	星期六	星期日
活动		学日语		复习	工作	看比赛	

B 可能是这样的：

B	星期一	星期二	星期三	星期四	星期五	星期六	星期日
活动	看电影		唱歌		跳舞	去酒吧	

（2）小组活动（15分钟）：2人一组。

教师提出要求：一个人邀请另外一个人一起去吃饭。另外一个人根据自己的作息表协商出一个双方都有空的时间。尽量使用以下这些句型：

你有什么事吗？

我想请你……你有空吗？

……不行。

那……怎么样？

不行，我得……

你看……好不好？

没关系，那就算了吧。

为了保证学生能够理解指令，教师可以先与一个水平较高的学生简单演示一下，保证所有的学生都能知道要如何完成这个活动。

（3）活动完成之后，小组成员需要向教师或者其他同学汇报刚才商量的情况和结果。

即使是角色扮演，如果能够充分加入"信息差"，效果也会好很多。比如去饭店点餐是很多教师在教学中使用的一个活动，但是很多教师往往这样布置活动：邻桌两位同学分别扮演顾客和服务员，双方手里都拿着一份中国饭店的菜单，"服务员"问"顾客"想吃什么，而"顾客"说出自己的要求或者进行相应的询问。但是由于学生往往对中国菜并不了解，他们所知道的菜往往就是"宫保鸡丁""鱼香肉丝"等课文中提到的菜名，而且这些菜品的味道和材料也已经知道了。可是"顾客"在角色扮演中还要装模作样地问："请问，这个菜是什么味道？""你们有没有用牛肉做的菜呢？"而"服务员"对这些菜品的知识并不比"顾客"多多少，这样的角色扮演只能起到一个熟悉语言的作用，学生交流的动力并不足。我们建议对这个点菜的活动做如下改进：

活动：点菜

（1）预备活动：所有的学生写下自己国家餐厅中最常见的10种菜品名称，注意要用自己国家的语言去写。比如日本人用日语写，韩国人用韩文写。

（2）正式活动：每人手持自己国家的菜单，作为这家饭店的服务员。另一位不同国籍的同学则扮演顾客。"服务员"递给"顾客"一份写着自己国家文字的菜单。"顾客"自然看不懂这份菜单，于是需要提问以了解这些菜品的材料和味道，并且做出自己的选择。

（3）汇报："顾客"和"服务员"向老师或者其他同学汇报点菜的经过和结果。

在上面这个活动中，由于"服务员"写的是自己国家的菜单，自然对这些菜的味道和材料了解较多，而对外国的"顾客"而言，不仅菜单看不懂，对这些菜到底由哪些材料做成，味道如何，也不了解，这样就产生了"信息差"。进行这样的角色扮演，交际动力和教学效果都会好很多。

五、活动设计还要注意什么？

教师在设计活动时，除了要注意设置信息差和观点差以外，竞争性也是一个比较重要的考虑因素。如果能够在活动中加入一点竞争性的因素，更能促使学生交流。

比如，"购物"是教学中常见的角色扮演活动，可是很多教师只是简单地告诉学生："某某你演顾客，某某你演售货员，你们表演去商店买衣服吧，要讨价还价。"这样的要求不具体，比较宽松，容易出现的问题就是学生抱着玩儿的心态，不认真讨价还价。而且由于学生初来中国，并不解商品的实际价格，对于到底多少钱买这些东西心中没有数，这就造成学生为了讨价还价而讨价还价。有的学生想象力丰富，可能活动效果比较好，而有的学生只是照着课文来练习，活动的效果并不理想。所以，我们建议教师在设计"购物"活动时照下面的步骤来操作：

活动：谁是最强顾客

（1）分别设计角色卡片。在"顾客"的卡片上规定了顾客要买的东西清单，而在"营业员"的卡片上则规定了商店货物的基本价格区间。因为在真实社会中，讨价还价总是有一定的底线和上限的。

（2）黑板提示学生用哪些句型词汇。

（3）让学生分别抽取卡片，决定自己的身份，两人一组开始对话练习。

（4）要求顾客和售货员分别统计自己购物和销售的金额，在活动结束之后评选"最佳售货员"（货物卖得最贵）和"最强顾客"（东西买得最便宜）。这样可以鼓励学生积极地"讨价还价"。另外"顾客"手里的"金钱"也可以是一个固定数，看同样的钱，哪个顾客买的东西最多。

教师在设计活动时还要注意为不同阶段的学习者设计不同难度的活动。到中高级阶段，教师要考虑提高活动的难度。如果中高级水平的学生仍然使用很简单的话语来完成活动，就达不到语言训练的目的。以去饭店点菜为例，如果是针对中级水平的学生设计活动，教师可以考虑在角色扮演的卡片中安排一些他们没有预料到的情况，比如服务员推荐的菜都是很贵且顾客不想吃的，上菜后顾客又在菜里面发现了虫子。而某些活动的场景可以定为重要的商业活动，必须使用很礼貌的正式语体之类。

有的新教师会跟老教师提出：你教我一个"好"的活动，我照着做就行了。这种想法不可取。因为每个活动都有自己的针对性，比如不同年龄、国别的学生需要的活动不一样，而学生的学习水平和目标也直接影响了教师活动的设计和实施。我们鼓励教师根据自己教学的需要而设计活动，同时不断地注意收集和积累其他教师的经验，形成自己的"活动库"，随时选用。因此，要想能在自己的班级搞好活动，需要教师把借鉴和创新结合起来。

【案例3】 为什么没人愿意跟他一组？

自从听了张老师介绍如何设计活动以后，李华就想要尝试一下，看看自己设计的活动在实际课堂中使用的效果如何。

今天李华教的是一个从美国来的高中生短期团，学生们都是那所高中一年级的学生，有华裔，也有非华裔。李华的班上有十几个学生。他在前一天上课的时候就要求学生带来一张自己家人或者朋友的照片，今天上课的时候他们就可以互相询问照片上的人是谁，做什么工作等。

"你们都带来照片了吗？"李华问学生。

"带来了。"学生们纷纷举起手中的照片。

"很好，现在你们任意两个人一组，互相询问照片上的人是谁，叫什么名字，做什么工作等。过一会儿我走到你们组的时候，你们要告诉我。懂了吗？"

"我们可以自己找朋友吗？"一个学生怯生生地问。

"对，自由组合。"李华肯定地回答，"现在开始吧！"

高中生们站起来，兴奋地拿着自己照片去找朋友。孩子们似乎很高兴能够从椅子上站起来，活动一下筋骨。虽然才十几个学生，教室里一下子就热闹起来了。不过李华发现他们似乎在用英语交谈。

"不许说废话,快点找到朋友,拿出照片,开始活动!"李华提醒学生。李华发现有的学生似乎人缘很好,好几个人都想跟他结伴练习,而有的人似乎朋友不多,茫然地看着其他人。其中有个叫 Mike 的男孩子,好像没有人愿意跟他一组,结果他就一个人孤独的站在旁边。

"Mike,找到你的朋友了吗?"李华问。

"没有,李老师,他们正好两个人一组,我就没有了。"Mike 有点失落。

李华心想:"这个班应该是双数呀?为什么会出现一个人落单呢?"他又仔细的扫视了一遍,发现 Lucy 没来,于是问 Mike:"Lucy 没来,你知道为什么吗?"

"Lucy 生病了,所以我们班今天少一个人。"

"没关系,Mike,你跟老师一组吧!怎么样?"李华对 Mike 说。

"好的。"Mike 又高兴了,拿出了照片,跟李华一起完成了这个活动。

跟 Mike 完成对话后,李华发现自己没有太多时间去巡视其他小组完成的情况,所以最后只请了一组同学上来报告了一下,课就结束了。

下午在办公室备课的时候,李华碰见张老师,就把今天上课活动的情况跟张老师说了一下。李华问张老师:"您觉得我今天的活动搞得怎么样?"

"应该说设计还不错,挺有想法的。"张老师总是先肯定:"不过,你为什么让他们自由组合呢?我感觉这挺浪费时间的,左右两人一组不是挺好的吗?"

"是的,我们以前搞活动都是同桌一组,但是学生有点厌倦,好像没有新鲜感。我想让他们自己找朋友能够让他们更有新鲜感,更好地调动他们说话的积极性。不过,我没想到会有一个人找不到朋友。其实我发现 Mike 一直挺孤独的,朋友不多。原来我想让 Mike 跟另两个人组成一个三人小组,但是其他同学似乎不太愿意,所以我只好跟他组成一组。结果我就没时间看其他同学的表现了。"

张老师听完李华的回答，说："你的想法有道理，总是同桌对话的确容易让学生失去新鲜感，他们的确需要有点变化。不过，你虽然在活动设计方面有了进步，但是在具体组织和实施活动的时候还有许多细节问题考虑不周。细节决定成败。活动的成功跟你课堂上的组织和指导也有很大关系，看来，这方面你还得多学习学习呀。"

【点评】

以往在操练课中，大部分活动都是由教师主动发起，学生被动接受，而活动则使得学生有了相当的自主权，由此带来的一个问题就是教师如何高效地掌控课堂和学生。新教师在实施教学活动时经常会遇到包括如何简单而有效的分组、如何平衡不同水平的学生的表现、如何应对各个小组完成时间的差异等多方面问题。

六、如何有效地分组？

很多活动都需要以双人配对或者分成小组来进行，这个时候，如何给学生分组就是一个必须要考虑的问题。

很多老师采取的方式就是让坐在附近的同学自然地配对或者形成一个小组。这样做的好处很明显：一般来说，坐在附近的同学关系都不错，这样基本上可以避免由于教师指定而造成学生不舒服。可是时间一长，这样的分组会让学生失去新鲜感。因此，教师需要考虑采用多种分组方式。

有的教师让学生自由组合。可是这种自由结合的分组也会带来一些问题：第一就是容易出现有些同学找不到"搭档"的情况。班级就是一个小社会，如果教师不加干涉，很有可能使某些同学受到冷落，没人搭理。第二是小组形成的时间会比较长，浪费宝贵的上课时间。这两点在案例3中都有所体现。而更重要的一点是自由分组不能确保分组的质量。我们在进行分组的时候一般希望"组内异质、组间同质"。所谓"组内异质"是说组中的同学有一定的差异，比如语言水平、国籍、性别等。小组成员之间的差异对于搞好一个活动很重要，因为组内水平低的学生能够得到水平高的同学的帮助，当他们最后需要在全班面前做演示的时候会比较有信心；而高水平的同学在与小组其他成员的互动交流中，提高语言能力。而"组间同质"则是说各小组之间的情况比较接近，这样在进行一些具有竞争性的活动时，学生会觉得比较公平，因为如果一组的学生水平明显高于另一组，必然有一些学生觉得没有获胜的希望，过早放弃努力。

于是，有的老师会指定某几个人一组。可是这时候学生也可能会有意见。在实践中，我们发现某些水平较高的学生不太愿意跟水平低的同学组成一个小组，因为水平高的学生经常抱怨不能从水平低的学生那里学到东西，认为这是浪费时间。如果教师强行把他们分在一起，学生会认为这是老师强加给他们的，心里有所抵触，也就会影响到活动的质量。

当然，没有一种分组方法是完美的。因此在语言教学中根据情况，灵活采用不同的分组方式十分必要。例如，在有竞争性的活动时，把高水平和低水平的学生分在一个小组中或许是一个比较公平的办法；如果我们考虑让班级的学生迅速开始活动，教师指定分组是一个不错的选择。而有时候，教师希望水平高的学生能给其他同学作表率，那么把学生按照能力分组也是一种可行的办法。虽然一般不会把成年学生按照性别来分组，不过对儿童实施教学时，按照性别分组也是一种选择。

同时我们也想建议新教师在分组的时候开拓思路。比如同样依据位置分组，可以左右，可以前后，也可以其他指定的方式来进行。教师可以利用卡片来分组。如果教师要分 5 组，就分别写一些 ABCDE 的卡片，然后让学生抽，抽到 A 的同学在一组，抽到 B 的同学在一组。有的教师在分组时利用扑克牌，因为扑克牌有花色、数字等区别，这也是一个很有效的工具。

分组其实就是要规定一个标准，而这个标准完全可以由教师决定，如衣服颜色，戴不戴眼镜等。教师可以利用制定这个标准来达到目的。比如教师希望某个水平较低的学生与某个水平较高的同学分在一组，就可以找出他们的某个共同之处（例如都穿了红色的衣服），以这个因素作为分组的标准（教师提出"相同颜色衣服的同学分成一组"）。这时候学生认为教师是以某个"公平"的原则来进行分组的，不会有"被分组"的感觉，而教师也在学生不知不觉中实现自己的设计。

由于组间成员水平的差异，总是会有的小组完成得快一点，有的小组完成得慢一点，这个时候教师也需要掌握一点技巧来平衡。有的老师会说"好吧，你们休息一下"。如果把这作为一种奖励，或许可以。不过在这种情况下，学生很容易开始聊天。还有的老师一看到有人结束，就宣布活动结束，这时候没有结束的同学会因为没有做完而感到失望，这样显然也不合适。我们建议教师在设计活动时在原有基础上多准备一个扩展性的活动，这样做得快的小组就可以在完成活动之后，以做补充活动的方式来等其他小组。这样他们就不会觉得无聊，也没有时间说无关的话。

同时，教师也要控制好活动的时间。一般教师看到大部分小组都已经完成的时候，可以提醒其他小组"我们还有两分钟，活动就结束了"，这就能让做得慢的小组加快速度，同时巡视已经完成的小组，确认他们已经完成，并且指定（或者让他们自行决定）汇报的成员。

七、实施活动时要注意什么？

在实际操作中，教师还要确保学生能理解指令。为了保证活动顺利进行，教师往往需要告诉学生活动的具体步骤，带来的问题就是教师的课堂用语变得复杂起来。当然，一方面教师在备课时就要考虑如何用简单的语言让学生明白活动要求，另一方面当第一次开展某种活动的时候，教师需要先示范一下（可以找一个水平较高的学生），以便学生能知道他们该做哪些事情。

同时，给学生留出充分的准备时间。有的新教师会过高估计学生的水平。如果对学生的困难估计不足，没有给学生足够的准备时间，会影响学生的语言表现。有的新教师对学生说："我给大家两分钟时间准备，然后请你们上来表演。"有经验的教师都知道，即使是对所学内容掌握得很好的学生，两分钟也是不够的。而那些水平不太好的学生，需要在准备的时候与小组成员交流，得到帮助，才能有信心去表达，如果活动准备的时间不够，反而会打击他们表达的积极性。老师说的"两分钟"或许并非实指，只是表示"几分钟"的意思，但这样还不如给出更具体的时间如"十五分钟"更好理解。

纠错要适度。为了保证活动的连贯性，维护学生口语表达的积极性，教师往往会对学生的错误采取较为宽容的态度，有选择地纠错，只纠正那些明显的、反复出现的错误，而且往往是在活动结束后的总结阶段进行。在活动中要注意营造一种相对宽松的课堂气氛，保护学生说话的积极性。

总之，活动对教师的教学能力和组织能力都提出了更高的要求。在活动中，学生是主体成员，而教师只是充当协调者和顾问（当然教师也可以成为一个角色参与进去）。这与操练课由教师发起、学生回应有很大差异。活动中不仅有师生互动，生生互动的形式，时间也大大增加，这就要求教师对课堂有更好的掌控能力。

参考文献

Edwards, C. & Willis, J. R.（Eds.）（2005）*Teachers Exploring Tasks in English Language Teaching*. Palgrave Macmillan 高等教育出版社影印。

Paul, D. & Eric, P.（2002）. *Success in English Teaching*. Oxford University Press. 上海外语教育出版社影印。

Richards, J. C.（2001）*Curriculum Development in Language Teaching*. Cambridge University Press.

Skehan, P.（1999）*A Cognitive Approach to Language Learning*. Oxford University Press, 上海外语教育出版社影印。

程晓堂（2004），《任务型语言教学》，高等教育出版社。

哈德费尔德（2005）《口语教学》，王炫元翻译，上海教育出版社。

第六课

如何搞好"一对一教学"

【案例1】 做个别辅导有什么用?

李华的学生 Lucy 请李华找一个"小老师"帮助自己学习,李华推荐了自己的同学张琳。可是在一次课后闲聊中,李华从 Lucy 口中得知她对张琳不太满意。问起原因,Lucy 说张琳在上辅导课的时候老是跟自己用英语聊天,有时候她也不太能理解张琳对一些语法现象的说明。他们现在上课的频率已经从每周两三次减少到每月两三次了。李华决定跟张琳谈谈,了解一下情况。

张琳告诉李华:"我刚开始以为这样的辅导可能对我将来从事国际汉语教学工作有帮助,可是教了一段时间以后我发现这种个别辅导其实没什么意思。比如我们上课学的什么任务型活动设计都用不上,大部分时间是回答学生一些问题。我觉得很多问题都很无聊,比如她老是问我这个词和那个词有没有差别。我觉得这肯定是有差别的,但是你没有必要去那么仔细地区分,只要记住那些例句不就行了吗?我觉得做这种个别辅导不是真正的国际汉语教学。还是要像你一样,找到班教的机会,只有给一个班级上汉语课,才能将自己在专业课学到的东西发挥出来,才能真正提高自己的教学实战能力。总是做这些一对一的辅导，我还是不知道怎么教大班课呀！我打算去考一些证，我想要是有那些证书，自己就能教大班课了！"

　　李华听了，明白张琳为什么对个别辅导不认真了——她没有认识到做这种个别辅导对于提高专业能力的重要意义。他觉得有必要做做张琳的思想工作。

　　李华对张琳说："我很理解你希望快点教大班以提高自己教学能力的迫切心情。可是你有没有考虑过，工作的机会也是要一点一点才能获得的。没有一个学校或者机构愿意聘用一个毫无经验的教师来进行大班教学，可是没有实际教学，教师又很难获得真正的教学经验，这看起来是一个矛盾。但如果我们能通过其他途径不断积累教学经验，在面试时表现出较强的教学能力，就有可能获得班教的机会。我认为做个别辅导就是积累自身教学经验的重要途径。通过个别辅导，一方面你可以了解教材，另一方面你也可以了解学生。虽然作为一个国际汉语教学专业的研究生，平时接触汉语教材的机会挺多，但是只有真正用这本教材来进行教学，你才会发现教学中是有很多细节问题需要考虑的。比如 Lucy 跟我说，你给她解释'突然'和'忽然'的时候说，'突然'就是比'忽然'更快一点，可是她还是不能理解。有些东西也许你当场不能回答得很好，那你就应该查些资料，以后再告诉 Lucy。"

　　"这的确是我欠缺的地方。"张琳若有所思。看到张琳好像有所领悟，李华觉得有必要结合自己的经历进一步趁热打铁："做个别辅导不光可以获得一些收入，同时也可以让学校和机构逐步了解你。我自己以前也是从小老师开始做起的。我刚开始来学校的时候，只是做批改作业的助教，后来，开始做一些个别辅导，因为我的学生都说和我一起学进步大，于是学校安排我开始教一些短期团，这样我才得到了大班教学的机会。如果我一开始也是马马虎虎，学生对我辅导的评估都很差，我自然没有后面的机会了。"

　　张琳边听边点头："对，我以后一定认真做个别辅导。"

【点评】

在国际汉语教学中，"一对一教学"是比较普遍的教学样式，它有多种名称，如"个别辅导"、"个别授课"，或者"单班课"。虽然都是一位老师对一个学生进行教学，但其实内部还是有些差别的，各有自己的特点和要求。张琳所做的这种以帮助学生复习和巩固为主的一对一教学通常被称为"个别辅导"。除了这种私人互相介绍的个别辅导外，有些教学机构会向学生公开"办公室时间"（office hour），学生可以利用这个时间跟老师见面，向老师提问，或者跟老师用中文聊天，这些也都是"个别辅导"。

一、个别辅导对专业发展有什么用？

顾名思义，"个别辅导"就是学生主要的学习需求是"辅导"。这些学生一般都在正规的教学机构学习，他们或是觉得课堂教学中自己得到的语言练习机会不够，希望能有更多的时间与中国人练习语言，又或是因为在学习中遇到很多疑问，希望能得到解答，还有一些学生希望能在做作业时得到具体的指点和帮助……总之，个别辅导的教学内容一般都是围绕着课堂教学而进行。相对来说，个别辅导中学生比较主动，会向老师提出问题和要求，老师只要根据学生的要求逐一回答即可。当然也有一些个别辅导的教学内容不是由学生本人确定的。例如，在笔者接触到的某个来华培训项目中，每个学生每周都有一次个别辅导时间，该培训项目预先设计好了每次个别辅导的内容——任务单，具体包括帮助学生默写生词，帮助学生完成某一课的对话练习，检查学生的作业等。辅导老师需要根据任务单的要求一项一项完成。但是即使是这种规定具体内容的个别辅导，老师仍然比较"被动"，不需要自己做单独的教学设计。

个别辅导可能是绝大多数老师开始国际汉语教学工作的起点：个别辅导对老师的教学能力要求低一点，而相对需求量又比较大，因此机会比较多。但是我们发现相当一部分个别辅导老师在最初的新鲜感过去之后，就不再认真辅导了。有的人觉得个别辅导对自己提高教学能力没有什么帮助，因而更愿意去从事班级教学工作。可是班级教学不仅面试比较严格，工作机会也少，于是有的新老师以应付的心态从事个别辅导：要么跟学生用英语聊天，要么随意解释语言现象。其实这些想法和做法都是不应该的。

我们认为，个别辅导对于新老师来说，是一个非常重要的锻炼机会，可以起到以下四个方面的重要作用。

第一，要提高自己的话语能力。话语能力包括两个方面。一是用中文跟学生沟通的能力。很多新教师在初上讲台时最大的问题就是不能用合适的中文跟学生沟通，他们要么说话太快，要么用的词汇太难。个别辅导提供了一个培养话语能力的好机会。相当一部分从事个别辅导的老师都主要依靠媒介语（英语）来组织教学，讲解语法知识等，甚至还有人认为个别辅导就是自己练习英语的机会。这样的想法和做法完全是错误的。我们不鼓励教师在个别辅导的时候大量使用媒介语，而是希望教师能够在跟学生交流的过程中，逐步了解哪些话语学生是能理解的，哪些是学生有困难的。通过不断地尝试，逐步能够建立起自己的有效话语体系，为最终完全依靠目的语与学生进行教学沟通打下基础。

教师应在语速和词汇上控制自己的话语。对一个中国人来说，放慢语速和减少词汇量多少有点不习惯，而对一个老师来说，这是一个重要的教学能力。新老师在控制语速时容易出现两个问题：第一个问题是较慢的语速不能保持。刚开始还注意自己不要说得太快，可是随着交流逐渐投入，语速越来越快，尤其是在回答学生提出的一些问题时，教师由于急于给出答案，会情不自禁加快语速，这样使学生很难理解老师的话语。第二个问题是光放慢语速，而没有其他的辅助措施，依然会给学生理解造成困难。在教学中，我们发现有的新老师单纯地控制语速，但是他的话语没有抑扬顿挫，语调很平直，听不出什么是重点，这样的语言仍会给学生理解带来困难。因此老师在讲话时要有意识地放慢语速同时强调重点，使得学生容易理解信息。

词汇控制也是如此。刚开始的时候，老师可能会觉得困惑：自己换了好几个词，学生还是看起来一脸茫然。但是新教师们不用泄气，可能就是在这样的失败中，才能慢慢体会到什么样的词汇是学生可以理解的。由于是一对一的辅导，如果老师一时想不出什么可以替换的词汇，又不想直接用英语告诉学生，就可以告诉学生拼音，引导他去查词典。同时老师自己也需要知道，这个词语其实是超出了学生能理解的范围。如果有条件，教师最好在上课前先翻翻学生使用的课本，这样可以对学生的词汇量有一个大概的了解。但是无论如何，这种对学生词汇量的敏感性是属于教师个人的实践性知识，是无法通过专门的教师培训课去获得的。新教师们只有通过跟学生们有意识地沟通交流才能逐渐体会。这种话语沟通能力是未来班级教学的基础能力之一。如果老师轻易地放弃在个别辅导中的锻炼机会，实在很可惜。如果教师在面试中表现出较好的话语控制能力，就比较容易得到正式的大班教学机会。

二是提高自己的学术英语能力。这里的英语能力不是一般的跟学生聊聊生活话题的能力，而是用英语来介绍中国的文化、风俗、历史以及语言（包括语法说明）的能力。作为一名高水平的国际汉语教师，学术英语能力是十分重要的。如果你跟学生的交流是在讨论这样的话题，学生不会有浪费时间的感觉，反而会觉得增加了对中国社会和语言的了解。你也可以通过这样的交流，逐步了解学生对于哪些话题感兴趣，在哪些方面存在错误认识，同样可以为将来的教学打下基础。

简而言之，个别辅导是新教师提高自己话语能力的好机会。

第二，可以帮助新教师熟悉教材。对很多新老师来说，接触国际汉语教材的机会不是很多：一是国际汉语教材价格比较贵，一般情况下自己不会去买，而且没有目标地翻阅教材，往往看不出教材的优缺点在哪里。然而做个别辅导就不一样了。为了能好好回答学生的疑问，有必要先认真阅读某本教材，这就提供了一个强迫你去"研究"该教材的机会。教材中提供的"词语例解"、"语法说明"等部分，可以帮助新老师对这些内容进行比较仔细地研究和学习。目前国际汉语教学教师培训由于时间有限，不可能在课堂上对很多具体的语言点和词汇辨析一一说明，可是这些重要的语言点往往会在教材中进行简要的说明。个别辅导给了新老师们一个近距离研读国际汉语教材的机会。只要认真准备，新教师在个别辅导中乱讲语法的现象是完全可以避免的。

第三，是可以了解学生所处的社会文化背景。由于一般的中国人很少有机会接触外国人，因此对他们的很多文化背景和思维特点并不了解，甚至存在着文化定势。比如，很多新老师觉得西方人都是过圣诞节的，其实犹太人就不过这个节日。又比如，以为日本和韩国太太都是不工作的，殊不知在这些国家结婚后继续工作的女性很多，很多女性在生育之后才停止工作，并非一结婚就不工作。还有的老师受到中国传统审美影响，会举出"皮肤黑不好看""皮肤白好看"这样的例句，殊不知这容易被有些外国学生认为是种族歧视。在交际性的语言教学中，经常需要利用诸如定式问答的方式来进行互动式教学，此时，了解学生的社会文化背景是提出一个好问题的前提。除了看一些专业书籍以获取相关知识之外，利用个别辅导跟学生交流就是一个直接了解他们社会生活和文化背景的好途径。在互相问答中，教师可以逐渐了解学生的兴趣点，深入了解学生以及他的国家，为将来的教学打下基础。

第四，能推动新教师们扩大自己的知识面。很多国际汉语教学新老师是没有社会工作经验的"校园人"，由于自身的局限，他们对中国社会的了解仅限于学校，而个别辅导则可以扩大知识面，为将来的教学打下基础。比如，笔者以前在做个别辅导时，经常被问到"哪个中国菜最好吃？""上海哪里可以蹦迪？""怎么坐公共汽车去某个地方？""杭州有什么好玩的地方？"那时笔者也是学生，很少有外出吃饭和旅行的机会，根本不了解，于是不得不查资料"恶补"。但是笔者也因此积累了不少信息和资源，逐步了解学生喜欢吃什么菜，喜欢去什么地方玩等，而这些都是教师将来上课的资源。

在个别辅导时，留学生和辅导老师之间的关系更像是朋友，出现一些问题也很容易沟通。即使新老师有些问题问得不妥或者回答得不够准确，也还有很多弥补的机会。虽然个别辅导和正规教学有较大差异，但是只要新教师认真对待，仔细琢磨，一定会收获良多。

【案例2】 个别授课挺不容易的

这天，张老师给李华安排了一个个别授课的工作。张老师想，李华已经做过好几次个别辅导，也教过一些留学生课程了，这种一对一的课程应该没什么问题吧。可是没想到，六个月后，张老师碰到李华问起个别授课时，李华却是一肚子苦水。

李华告诉张老师，这个学生叫 James，是某公司驻上海的总经理，他在工作中主要用英语，因此，刚开始学习的时候主要学一些生活用语。他不想学汉字，因为他觉得汉字太难，没有时间去练习。

"这也正常，很多西方人一开始学汉语都不想学汉字。"李华说，"所以我就给他找了一本有拼音标注的初级口语课本，帮他掌握生活中常用的汉语。"

James 不愧是总经理，学习能力挺强的，基本上四个月下来生活会话都能说两句了。可是 James 突然提出要学商务汉语，理由是虽然工作中基本使用英语，但是他发现如果能跟职员用汉语交谈或者在商务活动中使用一些汉语，更容易跟中国人打交道。于是他决定要学习商务汉语。他觉得现在使用的教材主要都是以学校为背景的，不太实用，他希望使用针对商务场合而设计的教材。

李华只好去找一本商务汉语教材。一开始，李华觉得教材里的商务汉语内容不难，自己教起来没什么难度，可是教着教着他发现教材中出现一些专门术语，很多自己也不太懂，比如有一篇谈论买卖股票的课文，出现了"牛市""飘红"等词汇，自己从来没买过股票，也不关心股票，虽然查了专门的词典，但是解释起来还是挺费劲的。而 James 似乎对这篇课文特别有兴趣，一连问了好多问题，比如"你觉得中国股票有没有投资价值？""外国人怎么买中国股票？""怎么看股价上涨还是下跌？"等等。李华虽然模糊地知道一些股票知识，但是要讨论这些问题就明显力不从心了。

而且这时候，James 不学汉字的缺陷就暴露出来了：目前大部分汉语教材的第一册都会在课文和练习上标注拼音，所以 James 学起来没问题，可到了第二册，大部分教材都不再标拼音了，需要学生有比较强的汉字认读能力。由于 James 不认识汉字，李华只好尽量找有拼音的课本。但是李华发现，即使有的课本在课文部分有拼音标注，在练习部分却都没有拼音，这样 James 在做练习的时候非得先听李华念一遍，否则根本没法做。可这样的话练习只能当场做，且练习效率不高。而 James 想要先在家准备好，然后上课的时候来跟李华讨论，这样学习效果比较好。于是李华不得不每次都把练习部分输入电脑中，然后用专用软件给汉字加上拼音，再打印出来给 James 做。每次上课前李华又要查资料，了解商务汉语相关的内容，还要整理练习，忙得不得了。

同时，李华发现 James 学习也没有以前那么认真了。最初 James 学中文是刚来中国没多久，工作并不太忙，因此他有比较多的时间来预习复习，李华布置的作业一般都能完成。而四个月以后，James 的工作越来越忙，没有更多的时间完成李华布置的作业，也不复习。一开始李华只要 15 分钟就能复习完上次的教学内容，可后来复习时间越来越长，有时甚至一节课都在复习上次的内容。李华觉得 James 的进步明显慢了。

李华除了觉得教学的成就感越来越少之外，还对 James 经常取消自己的课不满意。由于工作繁忙，James 常常临时取消上课，有时候甚至是自己到了 James 的办公室，才被秘书告知他已经出差了。虽然 James 一般都会事后发短信道歉，但是李华还是为自己白跑一趟而感到懊恼。

李华告诉张老师，自己也有点矛盾，其实很想辞掉给 James 教学的工作，但是又不好意思开口，正好遇到张老师，就想请张老师想个办法。

张老师说："好的，我知道这个情况了，明天来我办公室，我给你一些建议吧。"

【点评】

很多做个别授课的教师都会遇到李华的困惑。一方面，个别授课对老师的要求很高，要求教师不仅具有教授普通语言课程的能力，还要能教授一些专门用途的语言课程，而另一方面，老师的地位又似乎有所下降，对于学生缺课和不努力似乎也无能为力。个别授课其实对教师提出了更高的要求。

二、个别授课为什么不容易？

一对一教学的第二种形式是个别授课。这是比较正式的一种教学形式，基本形式是教师和学生共同使用某一本教材，根据一定的教学计划来实施教学活动。和较为随意的个别辅导相比，个别授课有明确的教学目标和固定的教学材料。除了参加学习的人数较少（一般是一人，有时2—3人）这个特点之外，教学的总体要求与一般课堂教学没有太大区别。

但是教学人数少并不意味着教学就变得容易了，相反还带来了一些新的挑战。

第一个挑战就是教学对象的多样性。目前在国内需要个别授课的主要是：1.外企职员；2.他们的家属（包括配偶及子女）；3.已在正规院校学习的留学生。由于来自不同的国家，各自学习经历和人生经验差异很大，学习风格和思维方式也有很大差别。比如，有的学生很喜欢查字典，即使听懂了老师的说明，也要亲自查一下字典求个安心，这样，教师在讲解完生词之后，不得不留出几分钟时间让学生查字典，而不能立刻开始问答操练；也有的学生很不喜欢查字典，遇到任何新生词都要求教师直接解释，诸如此类，情况各异。如果是班级教学，教师或许可以忽略他们的个体差异，而个别授课时，这些个体差异对教学的影响就会被放大，教师在实施教学时必须充分考虑到学生的学习习惯和特点。

第二个挑战是学习需求的多样性。长期从事个别授课的教师会发现个别授课的学生需求个体差异很大。目前选择个别授课的对象多是外企职员及其家属。他们之所以选择个别授课，往往是考虑到：1.个别授课的教学时间比较灵活：一般来说个别授课的教学时间是师生共同协商决定的，因此如果是公司职员可以选择在下班或者周末进行学习，且一旦因故不能上课，可以在下次补上，不会因缺课而影响学习的完整性；2.个别授课的教学内容可以与授课教师协商决定，能较好地适应个人需要。参加个别授课的学生常会有一些特殊的教学要求：外企人员会侧重学习与商务活动相关的内容，比如如何与客户攀谈，如何发表宴会致辞，如何介绍自己的部门工作等。而一些外籍职员家属则会侧重学习与日常生活密切相关的内容，除衣食住行之外，还包括一般教学中很少涉及的如何雇佣保姆，如何向物业管理部门报修等。一些留学生将新 HSK 考试作为一对一授课内容。还有一些选择个别授课的学生，是嫌学校学习进度太慢，希望能够在短期内快速强化学习，以达到某一教学目标。学校正规教学中，在某一教学阶段多使用一本固定的教材，而进行个别授课的教师往往需要针对学习者的不同需求，选择多种不同的教材。即使是同样的教材，教师也要根据学生具体情况重新制定教学计划。这种"因人而异"对教师的教学能力是一种挑战。

第三个挑战是教学重点有所差异。现有的班级教学中，一般是听说读写并行，虽会有所侧重，但不会偏废某项技能。但是在个别授课中，经常出现只侧重听说或只侧重读写的情况。比如有些从事商务活动的汉语学习者，只想要能听说，而不想花时间练习写字和认读。还有的华裔学生，已经具备了较强的口语能力，主要想提高汉字认读能力。由于目前缺乏这样的专门教材，从事个别辅导的教师就需要针对这些特殊要求做一些专门准备，包括寻找合适的教学材料或者对现有教材进行必要的调整。

第四个挑战是教学方式需要调整。在常规班级教学中，教师往往要求学生做一些预习和复习，也常常给学生布置作业。而很多参加个别授课的学生（尤其是公司职员）没有时间进行预习和复习，个别授课的时间几乎就是他们唯一的学习汉语时间。这样教师就需要在教学中充分考虑如何有效地复习，否则会造成学生学习了很长一段时间仍在原地踏步。另外班级教学中由于学生多来自不同的国家或拥有不同的经历，在进行双人活动或小组活动时能取得较好的效果，而个别授课一直是师生两人对话，教师需要非常小心地处理交流的话题，因为一旦触及某些禁忌，就会立刻陷入尴尬。在大班教学中，教师可以就不同的话题询问不同的学生，而在一对一教学中，教师选择话题的范围其实比较有限，因此容易出现"说来说去就是这些内容"的情况。一旦失去了最初的新鲜感，师生双方都容易感到无聊。个别授课中一般不进行考试，因此教师在一定程度上也就失去了检查和督促学生学习的机会。简而言之，很多在班级教学中行之有效的办法可能在个别授课中派不上用场。

第五个挑战是师生关系的微妙变化。中国人的传统观念中，教师的地位是高于学生的，这在班级教学中尤其明显：教师安排整个教学计划，对学生居高临下，很多学生看到教师多少有几分敬畏。而在个别授课中，师生地位发生了一定程度的转变：教师像雇员，而学生像老板。目前很多社会上的教学机构在个别授课正式开始前，会安排一次教师试讲，如果学生认可该教师，那么个别授课正常进行，如果学生对该教师的教学方式不满意，可以提出更换教师的要求，这样的做法也在事实上形成了学生的优势地位。有些学生对教师也不够尊重，常常随意取消课程或提出一些不合理的要求，这也给个别授课教师带来心理压力。

总之，个别辅导不意味着教学任务简单，相反，由于更多考虑学生个人特点和需求，对教师的教学挑战更大。

三、如何做好个别授课？

对教师来说，要做好个别授课，除了掌握基本的教学方法如定式问答、话题讨论等，还需要注意以下几个方面：

首先，教师要完善自己的知识结构，使自己具有广博的知识面。前面已经说过，由于个别授课教学对象和教学内容的多样性，教师原有的知识结构可能满足不了教学需要，因此教师要在日常生活中有意识地关注社会、经济、文化等信息，并将它们与自己的教学有机结合起来。很多接受个别授课的学生拥有丰富的社会经验和人生阅历，他们对很多社会问题有自己的看法和见解。教师应该充分考虑到学生的这些特点，尽量用他们可以理解的语言与他们就各种社会、经济、文化问题进行思想交流，让学生体会到学习汉语的乐趣和用汉语交流的成就感，这能够极大激发学生学习汉语的动力。

教师一方面要积累这些背景知识和话题知识，同时也要注意观察学生的兴趣点，不要主观地认为学生喜欢什么或者不喜欢什么。很多年轻老师受到自身认知特点和教学习惯的影响，与学生互动交流的话题非常有限，总是离不开恋爱、运动、饮食等生活类话题，而无法在经济文化等更加宏观的问题上与学生展开互动交流。而且很多教师对学生存在"文化定势"的误解，比如，认为太太们就是喜欢讨论家庭、孩子，职员就是喜欢讨论公司。其实每个人的生活都是由多个侧面组成的。太太们在中国不工作，只照顾家庭，可她在自己的国家可能是有工作的，是一个职业女性；即使本来就是家庭主妇，她也未必希望每次在学习中总是讨论自己的孩子和家庭，她可能也希望了解中国的经济，也许她打算买卖股票和投资房产。而很多海外公司的职员可能也对中国文化和历史很感兴趣，他们不想在上课时谈论太多公司的工作，一方面是受到语言限制，还有一方面可能涉及公司内部的秘密，等等。

其次，要改变居高临下的传统教师心理，与学生建立起较为平等的伙伴关系。由于是一对一授课，教师能与学生有更多的沟通，因此教师要注意学生的反馈。有的教师觉得自己已经有很多年的教学经验，完全不愿意听取学生的意见和要求，高高在上，这对个别授课显然是不利的。但是教师也不要过分迁就学生。有的教学机构要求教师不能直接称呼学生的名字，在任何提问前都要加上"先生"、"您"之类的词语以示尊敬，这也是完全没有必要的。虽然我们提倡尊重学生，但是不意味着在学生面前低三下四。即使他们是一些社会地位很高的人，在教师面前也还是学生。他们不会因为教师直接称呼他们的名字或者使用"你"提问就感到教师缺乏礼貌，类似的担心完全是多余的。总之在学生面前，教师既不要高高在上，也没有必要如下属般谦卑。互相尊重、平等协商是个别授课中应有的师生关系。

第三，尽力建立起一定的教学规范。由于学生的情况复杂，因此在教学之初就应该将必要的教学规范与学生进行沟通。这里所说的教学规范包括两种，一种是和教学直接相关的，比如要求学生完成作业，要求学生上课的时候不要接电话等。当然这种规范必须考虑学生的实际情况，如果学生很忙，没有时间预习，教师就不一定要求学生做预习；有的个别授课地点是在学生的办公室，要求学生不接电话也不现实。教师可以根据自己的经验和学生的具体情况做出要求，以保证教学有序进行。另一种规范是跟费用支付有关的。由于个别辅导多是根据授课时间长短来支付教师费用，因此教师也要在这方面做出规范。有的教学机构会跟个别授课的学生签订专门的合同，会写入相关条款，如果没有正规的合同，那么教师个人也可以跟学生有一些具体约定，比如学生迟到如何计算上课时间，学生应当提前多长时间取消上课才能免于付费，如果学生临时取消上课应该如何计算费用，教师临时取消课程如何补课，等等。我们建议个别辅导的教师最好有一张上课签字表，每次上课后请学生签名，确认本次教学时间长短和下次上课时间，这样避免结算费用时发生矛盾。

【案例3】 单班课不好上

每年暑假，都有很多短期语言进修团来学校学习。这些团队往往采取集中强化学习的方式，每天上午上三个小时的汉语课，学生在参加学习期间要签署"语言誓约"，保证不用自己的母语交流。

为了进一步提高自己的教学能力，李华报名参加了这样的一个暑假班教学。他发现这种暑假班的教学十分严格：教师每周都有两三次集体备课，老师们一起就某篇课文进行详细讨论并形成最终教案。教案也非常详细，不仅包括具体的教学步骤，连每个问题怎么问，问题之间如何过渡，甚至提问的手势如何都要考虑清楚。

每天上午都是班级教学，包括大班课和小班课两种。大班课主要就是"过课文"，由于学生已经做了充分的预习，老师就根据课文的内容向学生提问，一方面检查学生对课文的理解程度，同时也将一些重要的词汇和语法现象做一些简单的训练。小班课就是操练课，教师将课文中最重要的语言点列在黑板上，用定式问答等交际互动形式来训练学生的语言输出能力。下午没有班级教学，让学生自己复习和预习。但是为了提高学生的口语能力，下午也安排了单班课，也就是一对一的教学。

　　由于学生每天上午已经学了很多东西，因此下午单班课的主要任务就是复习早上学习的各种语言结构和词汇。

　　刚开始李华觉得这种课应该不难上，毕竟自己有不少教学经验。但是教了几次之后，李华觉得这种单班课并不好上。在一天下午的集体备课会上，李华说出了自己的困惑："我觉得单班课不好上。如果我的学生上午的课学得不太好，那么下午单班课我还能帮助他练习练习，可是如果学生对上午的课文掌握得挺好，那么下午单班课基本上就是炒冷饭。要是我跟学生聊一些课外的话题，学生倒是喜欢的，可是这样的聊天又脱离了上午的学习，造成他们总用那些已经学过的、掌握得很好的结构来对付我。我觉得这样的低水平重复对他们汉语水平提高没有帮助，没有发挥我们单班课的作用。"

　　其他几个小老师也反映有同样的困惑。

　　听了李华和小老师们的诉苦，张老师觉得需要再把上好单班课的要诀强调一下。

【点评】

　　"单班课"也是一种一对一的教学形式，与个别辅导比较起来，它较为正式，教师往往需要事先准备好谈话主题，单班课就围绕着这些主题来进行，因此教师不能跟学生漫无目的、天南海北地聊天。但是同时它与个别授课不同，它并不要求老师教授新的教学内容，而是要求学生围绕教师给出的主题，利用语言定式把与主题有关的内容或者自己的意见表达出来。因此，要上好单班课，需要教师做好充分的准备。

四、如何上好单班课？

　　单班课是目前来华暑假项目中较有特色的课程形式。由于它提供给外国学生直接与教师交流的机会，对于学生提高口语表达能力帮助很大，因此很受学生的欢迎。虽然单班课一般时间不长，仅45分钟左右，但是由于单班课很像是复习课"炒冷饭"，容易使学生觉得无聊，因此教师必须要在课前进行比较充分的准备，以提高这45分钟的效率。

一般来说，单班课的教学流程由三部分组成，一是"过课文"，也就是师生围绕着课文内容来进行必要的交流。过课文的目的是帮助学生巩固已经学过的语法和词汇。在这之后，进入平行话题的交流。所谓平行话题就是与课文内容类似的话题，一般都是与学生生活直接相关的话题。比如课文中谈到中国的环境，那么平行话题就可以是中国的环境问题。用平行话题来交流的好处是学生可以运用自己所学到的语法和词汇来对一个新的主题进行深入讨论，实现有意义的、自然的交流。如果不是平行话题，而是一个全新的话题，那么学生之前练习的词汇和语法就派不上用场，没法实现语言能力的提高。最后是总结和纠错。教师就本次单班课学生的主要问题再次进行归纳和提醒，起到巩固的作用。

为了上好单班课，教师需要在课前先整理出课文中所涉及的不同主题，分别设计相应的问题，然后根据这些不同的主题分别设计平行话题，也就是说一会儿跳到课文里面去，询问检查学生对于课文的理解情况，一会又跳出课文，利用新学的词汇和语法来讨论与学生本人相关的各类话题，这样跳进跳出能帮助学生很好地实现语言能力的迁移。

梁新欣在《对外汉语微型操练课的设计原则与技能》中举了一个例子：

主题一： 介绍"我"的语言形式

（跟……比；Subj……；财会/职业高中生/其他专业/待业青年；幸运）

副题一：

课文里的人是个大学生吗？→他不是大学生。

他是什么学校的学生？→他是职业高中生。（练习生词"职业高中生"）

副题二：

跟别人比，他觉得自己幸运吗？→他觉得自己很幸运。（练习句型"跟……比，Subject……"，同时操练生词"幸运"。）

他跟什么人比，觉得自己很幸运？→他跟待业青年比，觉得自己很幸运。

过渡：

待业青年是什么意思？→待业青年是没有工作的人。

平行话题：

你是待业青年吗？→我不是待业青年。

你不是待业青年，那么你是职业高中生吗？→我不是职业高中生。

你是什么学校的学生？→我是纽约大学的学生。

跟别人比，你觉得自己幸运吗？→我觉得自己不幸运。

真的？跟什么人比，你觉得自己不幸运？→跟已经毕业的大学生比，我觉得自己不幸运。

那么，跟待业青年比，你也觉得自己不幸运吗？

从这个例子可以看到，教师将课文中的话题与学生本人身份相联系，使之既复习了课文，又锻炼了自由表达能力。我们发现，在上单班课时，老师容易出现以下两个问题：

1. 完全按照课文顺序来过课文，纠缠于课文的细节。由于太过于具体，造成平行话题练习时间不够，这样单班课只有重复课文的内容，而没有进行平行话题的训练，这也就失去了单班课的意义。正确的做法是教师在课前整理出课文主题，根据不同的主题将相关语言点融入进去。这样在过课文的时候，不是以课文内容组织的顺序为纲，而是按照课文所涉及的主题的内在逻辑顺序为纲，以话题讨论的形式来过课文，使学生感到教师跟自己是在进行相关的话题讨论。这样从课文情境过渡到真实生活情境才是自然的，学生会感到这是从课文内容的主题跳到平行话题的主题，而不是那些问题之间的跳进跳出。

2. 虽然进行了平行话题的训练，但是没有能够深入，也没有将语言形式与话题相结合。比如下面这个例子：

师：你常常看小说吗？

生：常常我不看小说。

师：应该说你不常常看。

生：我不常常看小说，但是我常常看电影。

师：你喜欢看电影吗？

生：喜欢。

这个例子中的学生是美国大学来华项目的二年级学生，但是由于教师设计的平行话题非常浅显，缺乏挑战性，学生没有机会使用课堂学过的语言结构来表达，也就失去了提高语言能力的机会。因此，教师在课前准备时，应该熟悉本课和前几课的生词以及语言结构，并且考虑什么样的问题能够引出学生的语言表达。而在学生回答这些问题时，要有意识地引导学生使用这些结构，以提高学生语言输出能力。

另外，教师在设计问题时，还可以从不同的语言功能入手，强化学生描述、叙述、比较的能力。比如考虑到学生已经是二年级学生，在平行话题中可以尝试提问"能不能告诉我最近有什么好电影""那部电影讲了个什么故事"。这样也能促使学生更多地就这个平行话题来进行表达。

我们下面提供一个主题转换的例子，列出了老师的各个提问，给大家作参考。

课文主题

1. 为什么中国有下岗问题？

2. 为什么有很多人下岗呢？

3. 可是以前公司也有很多工人，为什么以前没有解雇工人？

↓

平行话题一：美国就业问题

4. 在美国，有没有下岗的问题？（学生说到三十年代的问题）

5. 三十年代有，现在有吗？

6. 现在为什么还有人失业？

7. 那些失业的人怎么办？如果他们没有保险了，他们怎么生活？

8. 可是对他们来说，找新工作可能不太容易？比如50多岁的人？他可以找什么样的工作呢？

9. 他们去那样的培训学校可以找到工作吗？

10. 有没有人说"既然政府给我们钱，就不要去找工作了"？你会这样吗？

11. 所以失业问题在美国不严重，那么你觉得中国要怎么解决下岗的问题？政府给下岗工人训练的机会比给他们钱好，你觉得呢？

↓

平行话题二：大学生找工作

12. 在美国什么工作是受欢迎的工作？什么工作是很体面的工作？

13. 你打算做什么工作？

14. 找工作的时候，公司喜欢什么样的职员？（学生说需要"性格好"）

15. 你说的"性格好"是什么意思？

16. 在申请工作的时候，什么样的工作最吸引你？

17. 在中国找工作的时候，常常会有人说"我们只要男的""我们要25岁以下的""身高多少"，这些要求美国有吗？

18. 你觉得需要经验是公平的吗？为什么觉得不公平？因为大学生没有经验？

19. 你觉得公司为什么不喜欢女人，为什么喜欢招聘男职员？

总之，将课文主题和课外话题结合起来，才能使单班课不成为简单的"炒冷饭"。

━━━━━◆━━━━━

参考文献

梁新欣（2008）对外汉语微型操练课的设计原则与技能，《汉语教学：海内外的互动与互补》，商务印书馆。

吴仁甫（2002）《对外汉语一对一个别教授研究》，中国社会科学出版社。

| 第七课 |

如何选择教材

【案例1】 挑选教材

李华接了一个个别辅导，但是他不知道该用什么教材来上课，于是就来找张老师。

"张老师，我有一个个别辅导，他是公司经理，美国人，想学汉语。我觉得我们学校的《基础汉语四十课》可能不太适合他，所以想请教您有什么好的教材可以推荐？"

"他现在什么水平？"张老师问。

"他就是刚刚会说吧，水平很低，他说自己只在美国学过50个小时的汉语课，基本上只会一些简单的词语，我去跟他见面的时候，主要是用英语跟他交流的。"

"哦，那他打算一周学几次？每次多长时间？"张老师继续问。

"他说自己打算一周学五次，每次两个小时，"李华停了一下，说："不过根据我有限的辅导经验，我觉得像他这样的学生应该做不到。我以前也教过公司职员，他们经常要出差，我估计他一周能够上三次就差不多了。"

"那他有什么特别的要求呢？比如有没有特别跟你说到想学习商务方面

的汉语?"张老师继续问李华。

"好像没有。他说他现在需要跟中国的职员沟通,可能将来会学习商务汉语,但是现在肯定还是以生活方面的汉语为主。不过他在中国期间想一直学习汉语,因为他觉得学中文对他的工作会有帮助。"

"他在中国多久呢?"

李华说:"他告诉我这要看公司的决定,他们公司以前的职员一般在中国工作3到5年左右。"

"我知道了。"张老师思考了一下,然后说,"那我觉得可以使用《经理人汉语·生活篇》,因为这本书有生活篇和商务篇两套,如果他生活篇学完了,还可以往上学。而且这本书每课的篇幅也不长,比较适合他这种不是每天上课的学生。"

"谢谢张老师。"李华突然想到另一个问题,"我还想问问您,如果一个公司职员,基本会话能力不错,希望学半年商务汉语,您有什么推荐的教材吗?"

"我觉得可以试试《体验汉语·商务篇》,把这本教材和练习配合起来用,挺好的。"

李华不由得佩服起张老师来:"张老师,您真厉害,您是怎么知道这么多汉语教材的呢?"

张老师笑笑:"这不算什么,当汉语老师,熟悉现有的教材应该是一个基本要求吧。"

"可是这么多教材,您怎么熟悉呢?怎么知道哪本合适,哪本不合适呢?"李华有点好奇。

"以前对外汉语教材不多,很多教材我都用过,用过了当然就知道好不好。那个时候,就是有自己没用过的教材,别的老师用过,问问他们,了解一下教材的特点,也能了解得八九不离十吧。可是最近几年,出版了很多新教材,要靠自己上课来了解是不可能的,其他老师可能对那么多新教材也不十分熟悉，因此我常常上书店看看新教材。虽然现在网络购书挺方便，但是为了了解教材，直接翻翻看看还是很有好处的，能够从中得到很多信息。"张老师问李华："你常常去书店翻阅教材吗？"

李华有点不好意思："我比较懒，不怎么去书店，一般就是在学校的资料室看看。"

"这不够，"张老师摇摇头："一般资料室或者图书馆的图书都不是最新出版的，不如书店的新。而且去书店的时候，还可以跟售货员聊聊天，他们会告诉你哪本书卖得不错，这时候你也可以看看他们推荐的书。现在的教材，竞争激烈，能够卖得好的，一定有特色，你得好好分析分析。"

李华听了恍然大悟，说："谢谢张老师指点。我明天就去书店看看。"

【点评】

在国际汉语教学中，教师经常需要给学生推荐教材，因此熟悉常用教材的特点、知道教材的适用对象、了解最新的教材信息都是汉语教师应该做的。而张老师说到的"去书店""询问营业员"提醒我们，在网络时代，了解图书的传统途径也还是非常有用的。

一、怎样选择教材？

选择什么样的教材，不仅仅是个别授课才会遇到的问题，在有的班级教学中，教学机构允许教师跟学生协商选用哪本教材，这时候教师也同样面临自主选择教材的问题。

要为学生选择合适的教材，首先要了解学生现有的汉语水平。询问学生以往的汉语学习经历、过去所使用的教材等情况，这些都有助于教师判断学生水平。翻阅学生使用过的教材，也可以了解学生以往的学习情况。比如，学生拿出一本已经学完的"初级"汉语教材，那么教师至少可以了解到该学生没有必要从入门学起。

　　有时候，学生不能清楚地说明以往使用的教材情况（比如可能他已经忘记教材的名称了，也拿不出那本教材来给老师看），这时候，了解学生的课堂学习时间是一个比较有效的手段。一般国内教学中，完成初级阶段需要 800 小时的正规学习，而要达到中级水平则需要 1500 小时左右。新教师可以通过询问学生实际学习时间，来估算学生的实际语言能力。

　　有的时候，学生会告诉老师自己已经学完了初级班的课程，因此希望从中级班开始学习。这时老师仍需要了解他所说的"初级"或者"中级"包含了多少正规教学时间。因为国内外对于各个教学阶段存在着"名同实异"的问题。在国内，通常所说的学完初级阶段的学生，是指那些具备了 2500 个词汇量的学习者；而那些已经完成中级阶段，开始进入高级阶段的学生一般都已经具备 5000 左右的词汇量。这里的初级、中级、高级主要是依据国内最通用的《汉语水平等级标准和语法等级大纲》（1996 年版）。而国外的汉语教学由于受到教学时间的限制（海外教学一般每周只有 4—5 课时），他们所说的中级班的学生，一般开始学习时的词汇量约有 1500 左右；若完成中级阶段，进入高级阶段学习的学生词汇量一般不到 3000 个。从这个意义上说，国外编写的汉语教材中标明"中级"的教材，大概相当于国内的"初级下"，而国外的"高级"汉语教材相当于国内的中级汉语教材。因此，新教师不要被学生自称的"中级"或者"高级"所迷惑，还是要仔细考察学生的学习时间和具体情况。

　　另外通过跟学生的问答也能了解学生的实际语言能力。教师可以预先准备不同等级的问题，通过观察学生的回答来判断学生的语言能力。比如教师可以准备以下四组问题：

　　1. 你去过哪些地方旅行？什么时候去的，怎么去的？

　　2. 你去过的地方中，最喜欢的地方是哪个？为什么喜欢这个地方？这个地方和你的家乡有什么不同？

　　3. 如果我也想去那个地方，你觉得我应该怎么安排这个旅行？

　　4. 你觉得旅行对当地环境有什么影响？对当地的经济呢？我们应该怎么看待旅游带来的利和弊？

这些问题的提问方式其实是参考了 OPI（Oral Proficiency Interview），提问的目的是通过学生回答时话语输出的质量来判断学生的实际口语表达能力。限于篇幅，我们不做详细介绍。如果对 OPI 的具体内容感兴趣，可以参考柯传仁（1993）、吴勇毅（2012）和姜丽萍（2010）的介绍。

在估计学生的水平时，要考虑国别的差异。一般来说，欧美学生口语表达能力比汉字认读能力强，而日韩同学的汉字认读能力要优于口语表达能力。因此教师在评估学生的语言能力时，不能仅仅从口语表达上考察，有时也要让他阅读一些课文，写一些汉字，从多方位对学生的语言能力进行考察，这样才能比较准确地估计出学生的语言水平。

为了使今后的教学更有针对性，教师还可以进一步了解学生的学习要求和目标，比如他想学习哪方面的内容，想达到什么样的目标。学生的需求和目标是多种多样的，有的学生想提高口语，有的学生想了解中国文化和历史，还有的学生想针对 HSK 或者 BCT 考试做专门训练，教师可以根据学生的具体要求有针对性地选择教材。

如果学生想比较全面地提高自己的语言能力，那么教师应该选择使用综合技能教材。综合技能教材就是通常所说的"综合课"教材（也有人习惯上称为精读课教材），这类教材的目的是综合训练听说读写四项技能，教材名称一般是《××初级汉语》《××中级汉语》之类。

如果学生觉得自己某方面的语言技能不强，希望能有针对性地训练那一方面的能力，教师就应该选择相应的单项语言技能训练教材。语言技能包括听、说、读、写几种，有些教材就是专门训练一种或者几种语言技能的，典型的教材名称如"××口语教程""××听力""中级汉语听和说""中级写作"等。像"初级阅读""中级阅读"之类的，一般是训练学生阅读专项技能的教材。有的学生希望能看懂报纸，如果教师直接拿报纸给学生上课，可能生词太多，阅读难度太大，因此教师可以考虑使用报刊阅读教材。这类教材也分成中级、高级等多个层次，教师可根据学生的语言水平选用。

如果学生希望学习商务汉语，那么教师需要进一步了解学生的背景和学习目的。目前学习商务汉语的学生有两类，一类是公司职员，另一类是学生。对公司职员来说，他们已经具备了一定的商务工作经验，缺乏的是语言能力，教学的重点多是商务口语交际，教师可以考虑选择"商务口语""商务听说教程"这样的教材。如果是在校学习的学生，那么他们不仅需要掌握商务交际能力，也需要学习一些商务背景知识，这时教师可以考虑"商务案例教程""商务阅读"这样的教材。以往的商务汉语主要是指外贸汉语，主要教授学生外贸相关术语和知识，现在的商务汉语范围已经大大扩大，但凡跟经济相关的内容都被包括到教材中来，教材的数量和类型非常多，教师可以根据学生的具体情况来选择。

像商务汉语这类"专门用途教材"这几年开发了很多，比如有"医用汉语""军事汉语"等，如果学生需要进入专业领域学习深造或者将来在中国从事相关的工作，那么教师可以选择这类教材。它的最大特点是提供了大量的专业词汇，为学生未来的学习和工作打下基础。

如果学生要学习中国的历史和文化，教师可以考虑使用诸如"中国概况""中国文化""中国历史"之类的教材，这类教材一般也要求学生具备一定的语言能力。这类教材对语言技能训练不多，遵循"内容型教学"（content-based instruction），也就是让学生在学习内容知识的同时间接提高语言能力。

另外，有的学生希望得到针对 HSK 专门的辅导。那么教师可以选择一些辅导教材，一般在辅导 HSK 的教学初期，应该选用诸如"HSK 教程"之类的综合辅导教材或者"HSK 听力"这样的专项技能辅导教材，辅导目标是提高学生的实际语言能力。而到了辅导的中后期，教师再开始使用诸如"HSK 模拟试题"这样的成套试卷，以帮助学生熟悉考试的要求，适应考试。教师不要一开始就让学生做很多套模拟试题，这样对学生应考不会有实际的帮助。

二、怎样获取教材信息？

教材之于教师就好比武器之于战士一样重要。而了解教材，则是使用教材的前提。作为一名国际汉语教师，有必要经常关注各类教材的出版情况，了解教材信息，熟悉教材特点十分重要。

了解教材的方法有很多，网络是一个重要的途径。现在很多汉语教材都会在各类电子商务网站上销售。利用网络的排序功能，教师马上就可以了解到哪些对外汉语教材是比较畅销的，哪些教材是新出版的。下面两张图分别展示了当当网和亚马逊网有关对外汉语教材销售的页面。

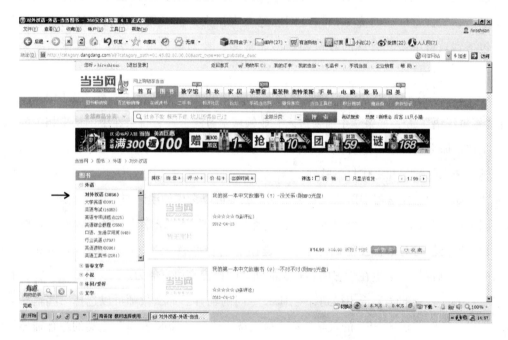

图 7-1　当当国际汉语教学图书售书页面

我们可以看到亚马逊网站上还把"外国人学汉语"细分成"教程""考试用书""听力口语""实用汉语"四类，方便教师选择。需要注意的是，如果教师需要按照类别来找教材的话，那么在网络销售中对外汉语教材是属于"外语教学"下的一个小类，而不是在"汉语"相关目录下寻找。

从图书销售网站上也可以了解到教材的一些基本信息，但是这类信息往往十分简单，一般只提供一个前言或者目录，虽然有时销售网页下端会有一些用户评价，但是信息有限，不足以让教师全面了解教材。

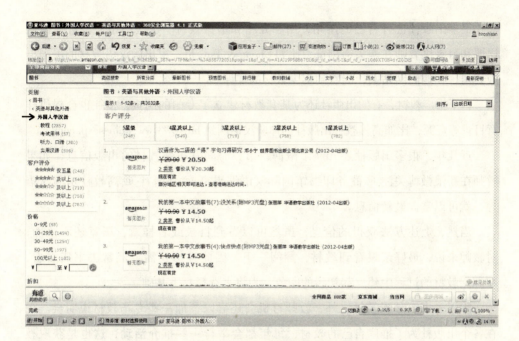

图 7-2　亚马逊国际汉语教学图书售书页面

图 7-3　Cheng & Tsui 售书页面

很多出版社也有自己的网站，用于介绍和销售教材。这些网站上常常会提供样课和目录供教师在购买前浏览，比如 Cheng & Tsui 是一家出版汉语教材的美国出版公司，在他们网站上，能看到不少教材的样课。

为了推广教材，有的出版社还为某套教材建立了专门的网页，往往也会提供样章目录等资源，比如高等教育出版社的体验汉语网站 http://www.chinesexp.com.cn/

近几年，很多出版社还开通了微博，第一时间发布新教材的出版信息，如果教师在新浪微博关注 @商务印书馆国际汉语编辑室 @外研社 @高教社国际汉语等，就可以掌握最新信息。

当然，上述方法获得的信息，虽然可以看到目录或者样章，毕竟还不全面，对教师来说，最好亲眼看到教材，翻阅一下。因此教师还需要经常去书店看看，在翻阅教材的过程中建立起初步的印象，为将来选择打下基础。

除了去书店翻阅教材之外，教师有机会还可以参加一些专场教材说明会。现在各个出版社为了推广自己的教材，每年都会举行一些推介活动，这也是获取教材信息的好机会。在这类活动中，出版社不仅会展示一些最新教材，还常邀请某些教材的编写人员向教师们介绍编写理念和教材特色，并安排一些示范课的演示。参与活动的教师有机会与教材的编写人员交流，了解其他教师使用该教材的心得体会。这类活动多不收费，教师应当积极参加。

三、怎样翻阅新教材？

光凭一些有限的信息，教师还不能够对是否使用某套教材做出最终决定。因此，教师需要对教材做进一步的了解。

应该承认，一本教材究竟好不好，用过的教师最有发言权。因此，国际汉语新教师应多和用过该教材的同事、专家交流，了解他们的看法和意见。但是，也不要完全迷信别人的说法，毕竟一本教材是否好用不仅与教材本身有关，也与学生和教学方法等因素有关。

随着教材出版的速度日益加快，新教材不断出现。有的新教材，即使你周围的同事都没有使用过，这也不意味着你就不能使用。教师可以通过一定的方式来了解某本新教材，然后做出自己的判断。

新老师在判断教材优劣的时候，往往过于注重教材的一些外部特征，比如版式是否新颖，插图是否漂亮等。诚然，这些因素是做出判断的重要参考项，但不是决定性的因素。决定一本教材是否好用，内部的因素更重要，比如教材是如何编排的，安排了哪些教学活动等。因此，掌握判断教材的能力也是很重要的。

第一，仔细阅读前言。教材的编者在前言中一般会说明教材的使用对象，编写理念，所依据的大纲等。比如下面一段说明：

本教材是《××汉语》系列精读教材的初级部分——《起步》篇，第一册适合零起点的学生使用，第二册适合已经掌握500左右生词的学生使用。

为了适应初级水平学生的需求，针对初级阶段教学的特点，本教材的编写采用了以结构为纲，寓结构、功能于情景之中的编写原则，力求为学生以后的学习打下比较坚实的语言基础。在内容的编写与选取方面，突出实用性，力求场景的真实自然：第一册主要围绕着学生的学习和生活进行，选取了与校园及其他学生的日常生活密切相关的场景，以帮助学习者尽快适应日常生活和学习的需要；第二册则离开课堂走向社会，并在后一阶段选编了一些富有人文性或趣味性的小文章，使学生的视野和活动更加丰富多彩，帮助他们逐渐使用汉语表达较为复杂的思想。

本教材共选取词汇1200多个，基本涵盖了《汉语水平词汇等级标准大纲》中的甲级词语；语言点则穷尽了大纲中的甲级语言项目，并涉及部分乙级语言项目，篇章的最大长度达到了600字左右。

这段文字其实谈了好几个方面。首先，它说明了这套教材的性质（精读教材），教学对象（初级）；其次，它介绍了这套教材编写原则（以结构为纲，寓结构、功能于情景之中）和依据（汉语水平词汇大纲）；再次，由于这套教材有两册，因此分别说明了什么样的学生可以使用（分别是零起点和具备500词学生），两册教材在编写中各自的侧重点是什么；最后，告诉使用者如果学完可以达到什么样的水平（学完1200个词，涵盖了甲级词，学完甲级语法项目和部分乙级语法项目）。

有的教师觉得前言和使用说明很枯燥，但是只要教师熟悉语言能力标准和课程大纲的话，这些文字理解起来并不困难。

第二，翻阅目录。目录可以帮助教师理解教材的组织结构，使得教师可以从整体上把握教材的内容编排特点。比如下面这个目录虽然比较简单，但是可以看出该教材是基于功能大纲编写的。

语　音	Phonetics		I
Lesson	**Function**	**Topic**	
第 1 课	问　候（1） Greeting (1)	你　好 Hello	1
第 2 课	问　候（2） Greeting (2)	你好吗 How are you	8
第 3 课	问姓名 Asking for names	你叫什么名字 What's your name	15
第 4 课	问国籍 Asking about the nationality	你是哪国人 What nationality are you	22
第 5 课	问住址 Asking about the address	你住哪儿 Where do you live	31

图 7-4　某教材目录

有的教材把每一课的教学目标也放在目录上，这样教师一下子就能知道这个单元（或课文）要教什么，也就能理解教材编写者的用心了。

还有的教材目录很详细，不仅列出了课文标题，说明每一课包括哪些环节，更是指出每一个要学习的语法点是什么，这些内容都对教师掌握教材特点有帮助，如下面的课文目录（图 7-5）就提供了很多信息。

有的教材目录很简单，只提供了课文标题，教师可以选择其中的一两单元课文做进一步的分析。

第三，看练习。翻阅教材时看教材的练习部分也是很重要的。由于语言学习中练习起到很重要的作用，因此练习的数量、种类和质量对于教师来说非常关键。

目　录　CONTENTS

语音训练营 Pronunciation Camp		8
	目 标	
Unit 1 你好 Hello	1. 学会打招呼的常用表达方式 2. 学会说自己的名字和国籍 3. 学会数字 1～10	12
Unit 2 我是留学生 I am an overseas student	1. 认识新朋友 2. 学会说明住处 3. 学会数字 11～20	19
Unit 3 现在几点 What time is it now	1. 学会最基本的时间表达方式 2. 学习说明每天的计划	27

图 7－5　某教材目录

Lesson 2: Family　41

Learning Objectives
Relate and Get Ready
Dialogue I: Looking at a Family Photo 42
Language Notes 42
Vocabulary 43
Grammar 45
1 The Particle 的 (de) (I)
2 Measure Words (I)
3 Question Pronouns
4 有 (yǒu) in the Sense of "to Have" or "to Possess"
Language Practice 48
Dialogue II: Asking About Someone's Family 50
Language Notes 50
Vocabulary 51
Grammar 53
5 有 (yǒu) in the Sense of "to Exist"
6 The Usage of 二 (èr) and 两 (liǎng)
7 The Adverb 都 (dōu, both; all)
Language Practice 55
How About You? 59
Culture Highlights 60
Pronunciation Exercises 62
English Text 63
Progress Checklist 63

图 7－6　某教材目录

因此，教师可以看看每个单元后面的练习情况，教材中如果提供了充足的多样化的练习，教师用起来就会比较顺手。

四、怎样对教材进行专门的评估？

前面说到的通过"翻翻"了解教材其实是一种"印象式评估"，能够帮助我们比较快地缩小选择范围。如果是个别辅导，这样做就可以帮助我们做出大概的选择了。但是教师凭直觉来决定教材，虽较快速却也容易产生偏差。有的教师判断教材好坏的依据就是图片多不多、话题是否流行、词汇是否有趣，但这还不够全面。教师要尽可能对教材编写的原则、话题组织的方式等深层次方面做出评估。

为了能有效开展深度评估，我们需要使用一些评估标准。《如何选择教材》（Alan Cunningsworth，上海外语教育出版社，2002 年）建议我们从以下角度开始评估：

1. 目标和方法

a）教材的教学目标是否与教学项目和学习者需求相一致？

b）教材视野和教学情境如何？

c）教材是否全面？是否覆盖了所有需要的部分？是否是学生和教师的好资源？

d）教材是否有灵活性？是否允许不同的教学风格？

2. 设计和组织

a）整套教材包括哪些部分（是否有学生用书、教师用书、作业本、磁带等）。

b）内容是如何组织的？是根据功能、语法话题还是技能来组织教学的？这样的组织对教师和学生是否合适？

c）内容是如何排序的，是按照复杂度、可学性还是有用性来安排的？

d）评分系统和进度对学生是否合适？是否能达到外部大纲的要求？

e）是否有足够的循环和复习？

f）是否有语法参考部分，对个人学习是否合适？

g) 布局是否清楚，是否容易找到你想要的部分？

3. 语言内容

a) 是否覆盖了各个阶段恰当的主要的语法点，并考虑到了学生的需求？

b) 词汇学习部分数量和范围是否合适？是否强调了词汇的发展和个人学习的策略？

c) 是否包含了发音学习的材料？如果有，它覆盖了哪些音素、重音、语调等？

d) 是否包括了语法结构和语篇层次上的应用？比如如何加入一个对话？如何组织一段文字写作？如何确定阅读文章的主题？

e) 是否考虑语言的得体性问题？语言和社会情境是如何配合的？

4. 技巧

a) 考虑到你的课程目标和大纲要求，四种技能是否都覆盖到了？

b) 是否有综合技能训练的材料？

c) 阅读文章和活动是否与学生的水平和兴趣相关？阅读量是否足够？

d) 听力材料是否有录音？是否尽可能真实并伴随背景信息？问题和活动是否有助于理解？

e) 口语训练的材料是否组织得很好以帮助学生适应真实生活中的交际活动？

f) 写作活动在指导和控制的数量上、准确性的程度上、长篇写作的组织、正确问题的使用上是否合适？

5. 话题

a) 话题是否能真正引起学生兴趣？

b) 话题是否在一定的范围内并有所变化？

c) 话题是否能扩展学生的意识，并丰富他们的经验？

d) 话题是否适合学生的语言水平？

e) 学生能否将课本中学到的东西和社会文化环境相结合？

f) 是否体现男女平等？

g) 是否在种族职业残疾等问题上体现公平？

6. 方法

a) 教材使用了何种教学方法？对教学环境是否合适？

b) 设计的学生活动如何？是否与学生的学习风格和期待相一致？

c) 不同的言语技能是如何教授的？

d) 交际能力是如何发展的？

e) 是否包含学习策略指导？

f) 学生是否要对自己的学习负责？如包括设定自己的学习目标？

7. 教师用书

a) 对于教师如何使用教材是否有足够的指导？是否提供了足够的资源？

b) 指导用书内容是否全面？

c) 是否充分覆盖教学技巧、语言项目？比如是否包括语法规则和文化信息？

d) 是否对教学材料潜在的前提和原则进行了设置并做出解释？

e) 是否提供答案？

8. 实用性

a) 价格多少？是否物有所值？

b) 装帧设计是否吸引人？材质是否结实耐用？

c) 是否容易得到？短期内是否会进一步补充？

d) 是否需要另外的设备，如语音室、听力中心、录像机？如果需要，你是否具备？

对教师来说，掌握一定的教材评估能力是十分重要的，它不仅可以帮助教师选择合适的教材，同时也为授课时调整教材打下基础。

【案例2】 一次教材讨论会

每周五教学中心都会举行教研活动，教师们可以互相研讨如何处理在教学中的遇到各种问题。李华挺喜欢这个活动的，因为一两个小时里面，可以学到很多理论学习中学不到的东西。有时候教研活动也会有一些主题，比如开学之初多是研讨教学进度和教学目标，期末的时候多是讨论如何出期末试卷。今天教研活动的主题则是讨论现有教材使用的问题。

负责教学的张主任先开口："首先给大家介绍一下，这位是《交际汉语》的编辑沈老师。沈老师听说我们从上个学期开始使用《交际汉语》，今天特地过来，想听取大家对这本教材的意见和建议，以便于今后对教材做进一步的修改和完善。学校从去年开始安排我们使用这本教材，到今天快一年了，我想老师们也有点体会了，大家也可以利用这个机会互相交流一下，分享一下教材使用的经验。"

"好吧，我先说两句。"教初级班的赵老师心直口快，"我觉得这本教材比以前的那本好一点儿，图片比较多，比较吸引学生，内容上比较贴合学生的实际生活，学生学了以后有机会在校外练习学到的语言。不过，我觉得现在这本教材内容偏多，教不完。今后要是改编，是否可以考虑减少一些内容。比如我现在用的第二册教材，一共有18课，估计当初的编写者考虑的是每周学一课，可问题是我们学校经常组织学生课外活动，比如去外地游学，再加上考试和复习，我算了一下，实际教学周就只有16周，我每次都要为了完成这18篇课文而拼命赶进度，而且教材里面每一课的内容都很多，比如练习中安排了好几个活动，这些活动都很花时间，所以我现在觉得用这本教材好辛苦，我想要是教材没安排这么多内容，教起来就轻松了。"

沈编辑点点头，说："这位老师，其实如果您觉得教材里面内容太多，可以省略掉一部分的。作者在编这本教材的时候，跟我们沟通过，她想在教材里面尽量多安排一些内容，这样老师在备课的时候就可以轻松点，不用到处去找补充资料了。而且当时考虑到每个地方的学生水平可能不一样，所以教材里面安排的内容是多一点的，有一些活动，您不一定都用，可以根据教学实际情况做些调整。"

听了沈编辑的说明，赵老师说："是这样啊。我总是觉得教材都是专家编写出来的，里面的内容都是很重要的，我不敢随便删除，怕影响教材的完整性。"

"我想对教材的练习提一些建议。"教高级班的孙老师说，"我觉得这本教材跟考试不匹配。我们的学生都要参加 HSK 考试，可是这本教材后面的练习题型都不是 HSK 的题型。我想要是平时不做这样的题目，考试时就会有问题。这本教材每五篇课文后面有一个单元练习，帮助学生复习一下前面五课的内容，这个挺好，但是这里面的题型基本上也不是 HSK 题型。如果平时的练习中也都是 HSK 题型，那就更理想了。另外我也想知道学完现在的教材，是否就可以通过 HSK 五级？"

"这个可能有点问题。"沈编辑说，"因为我只是一名编辑，不是教材作者，不能直接答复您。不过我会把您的意见带给作者，看看他们能否在修订的时候吸收您的意见。我们当时编写教材的时候主要是考虑怎样提高学生的交际应用能力，基本上没有考虑 HSK 的问题。"

接着，又有四五个老师根据自己的教学实践对教材提了一些意见和建议，沈编辑都认真做了记录。一个小时很快就过去了，讨论会在热烈的气氛中结束了。

送沈编辑离开学校后，张主任和李华一起回到办公室。

"李华，你觉得老师们的意见怎么样？"张主任突然问李华。

"嗯，都挺好的呀！我觉得都挺有道理的。"李华不清楚张主任为什么突然问自己这个问题。

"你回去把今天我们开会的情况整理一份简报，明天发给我。你这个星期的反思笔记就可以讨论一下这个教材使用的问题。老师们的意见，有的合理，有的也未必合理。"

"好的，知道了。"李华心想，"哦，老师们的说法也不完全对呀，自己得好好考虑考虑。"

【点评】

　　一线教师对于教材是很敏感的，我们常常可以听到他们对教材的抱怨声。教师的抱怨引起我们两方面的思考，一是教材本身需要改进，二是教师对教材使用的方法和态度可能也有问题。事实上，没有一本教材是十全十美的，也没有一本教材是一无是处的。同样一本教材，有的教师能教得很好，而有的教师则处处是困难。因此教师对教材使用的观念和具体做法是教学成功与否的关键因素。

五、为什么要对教材进行调整？

　　目前在国际汉语教学中，完全不使用教材的情况是比较少见的，特别是在比较正规的班级教学中，教学机构或者教师一般都会选择一本正式出版的教材作为教学的基本材料。

　　使用正式出版的教材有很多好处：首先，出版的教材都会配有生词表、语法说明、练习等材料，减轻了教师的工作负担。教师不必再花很多时间自己寻找和组织教学材料，可以有更多时间去考虑如何实施教学。其次，正式出版的教材质量相对比较好。因为这些教材的编者一般都是教学经验丰富的专家，他们在编写教材时多吸收了最新的语言教学法思想，在教学内容的选择和组织上都经过了精心的考虑。加上很多教材在正式出版之前往往还经过一段时间的试用，并根据试用情况进行调整，因此教材中各种教学材料的安排比较科学，学生用这样的教材学习，语言能力发展比较快。

　　随着这几年国际汉语教学的快速发展，教材的数量和品种都大大增加了，但是相当一部分的一线教师对国际汉语教材的现状仍不满意，感到缺少"自己最需要的那一本"。

　　对于这个问题，我们觉得有必要从两个角度来分析，才能有比较正确的认识。

　　第一个角度是教材本身。应当承认，许多现有的国际汉语教材本身的确存在不足。比如编写者没有吸收最新的编写理念和研究成果，或者声称"已经吸收了最新的理念和成果"，但是实际上并没有做到。又比如"真实性"的问题。由于教材毕竟是"编"出来的，为了教学的便利，往往经过了一定的加工，有的地方会出现一些不够"真实"的语句。还有一些由于编写人员的疏漏和考虑不周而造成的问题。有的时候，受到出版方面的成本和条件的限制，编写者的意图也不一定能够在教材中实现，比如国内出版的一些视听说类教材，由于制作成本比较高，很多教师希望实现的功能不能完全在教材中体现出来，这也影响了教师实际使用的效果。

第二个角度是教材使用的观念和方式。也就是说，有的时候，教材本身其实没有问题，而教师不善于利用教材，使教材的效果没能充分发挥出来。

比如最近一些汉语教材开始遵循任务型教学法理念来编写，但是使用这些教材的一线教师可能还没有真正理解和接受任务型教学法理念，这样自然会觉得这本教材不好用。其中一些习惯于使用结构型教材的教师在使用任务型教材时，普遍反映"语法体系不完整""自由活动时间太多了"等，这些不满意实际上反映了这些教师对于任务型教学的核心理念还不完全认同。

又比如有一些教师总是按部就班地使用教材，他们认为教材中出现的每个词汇、句型都是很重要的，学生应该完全掌握，绝对不可遗漏一个，在这样的观念下，也会觉得现有教材"内容太多""教不完"。

我们希望教师对于利用正规教材进行教学有一个正确的认识，不要奢望教材能解决教学中的所有问题，事实上教材存在缺点以及一定程度的不适应性是很自然的。

例如，教材的编写者都会考虑教学对象的问题，但是编写者所考虑的教学对象与教师现实中的教学对象可能有所差别，即使教学对象的性质一样，比如都是来华学习语言的进修生，每个学生的学习能力和学习需求也是有差异的，有时这种内部的差异可能还比较大。尽管教材编写者在编写时可能会考虑到这些差异，已经采取了一些应对的措施，但是要让一本教材充分满足班级里面所有学生的全部需要，显然是不现实的。

又比如教材与环境不适应的问题。以往对国际汉语教材相当多的不满意集中在教材不能适应当地的教学要求上。这几年，随着教材国别化编写理念的提出，在这方面已经有很大的提高。但即使我们投入大量资金，也不可能完全解决这个适应性的问题。因为国别之下还有地区差异，地区下面还有学校差异。从这个角度来说，差异是永远存在的，教材存在一定程度上的不适应是必然的。

由于对外汉语教材缺少教师用书，因此现在有的教材在编写的时候标好了某个活动要用多少时间，很多老师就觉得非得按照教材上规定的时间来完成任务。殊不知这种时间限制也只是参考，是教材编写者的建议，一线教师完全可以根据自己的具体情况做出调整。

因此，要想充分发挥教材的作用，教师需要更新对教材使用的看法。很多教师觉得，教材是专家编好的，因此必须一课一课地上下去，不能改变。有的教师在教学中感到不满意，想对内容进行取舍，但是有顾虑，怕学生少学，因而不敢"动"教材。这些担心是不必要的。指导教师教学的是教学大纲和目标，而不是具体的某一个课本。教师对于教材是有一定的自主权的。

在一部分国际汉语教师的认识里，教材就是课本。实际上，现代语言教学中，教材的概念不仅仅是教科书，它的范围要比教科书大得多。程晓堂（2011）在分析教材的性质时指出：教材是教学材料的简称，它的范围包括课堂内和课堂外师生所使用的全部教学资源。因此，除了传统意义上的教材，教师用书、辅导读物，以及各种图书资料、报纸、杂志、录音光盘都是教学资源，也都是我们可以利用的教材。

六、调整教材有哪些做法？

从前面的分析可以看到：教材存在一定的不适应是必然的，教师也没有必要将教材中的每个部分都照搬给学生，对教材进行取舍和调整是必须做的工作。那么教师应该根据什么标准来操作呢？

指导教师调整教材的首要依据就是课程目标。所有的调整应当保证本学期教学目标的顺利完成。在保证课程目标实现的前提下，教师可以舍弃相对不重要的内容，或者补充与教学相关的内容，或者改变具体的教学顺序等。这里所说的课程标准是指教师在开学之初参考语言能力大纲和课程标准而设立的针对本学期的具体教学目标，也就是教师写在课程计划 syllabus 中的教学目标。

除此之外还要考虑学生的需求。学生的需求包括学生的汉语水平、学习兴趣、生活实际、学习目的等。教师根据学生的需求，简化学生不感兴趣的内容，增加补充学生感兴趣和需要的知识。

第三要考虑课程安排的限制。这里所说的课程安排包括课时、教学进度等方面。很多新教师在初次使用教材时常常会觉得教材内容多，教不完，为了赶进度而教得很辛苦。实际上，为了给教师教学有更多的选择余地，教材的编写者总是会多安排一些内容放在教材中。这样教材就具有一定的灵活性，适应面可以更广一些。所以对教师来说，可以根据具体情况来决定是全部都做还是只做一部分。

为了有效利用教材，教师取舍和调整教材的方式包括删除、补充和调整顺序。

第一种是删减。删减有两个层面的做法。一是直接放弃一些课文和单元的教学，原因可能是教学时间不足，或者教学内容已经过时，也可能是学生明显不感兴趣。教师在决定删除这些课文前，要经过认真的衡量，不能仅仅根据个人的好恶来任意决定。建议教师在删减某个单元/课文前问自己这样几个问题：

1. 这个单元/课文在原有的教材中处于什么样的地位？

2. 教材编写者当初考虑放入这个单元的目的是什么？

3. 如果这个单元/课文不教，会对课程目标的实现造成什么影响？

4. 是否需要有一定弥补措施？

之所以要慎重些，是因为这样整个单元或课文的删减属于比较大的删减行为。毕竟教材的编写者对于教材有一个宏观的考虑，删减单元/课文不应当影响教材的整体结构的完整性和系统性。如果发现这样的删除行为会影响到课程目标，那么必须要考虑采取一定弥补措施，比如将被删除单元/课文中的语言点调整到其他单元课文中或者另外找一些教学材料。

　　有的老师在教学前，先让学生来决定想学习教材中的哪些内容，以为这就是"以学生为中心"的教学理念的体现，但这种做法是值得商榷的。事实上对于应该学什么才有助于语言能力的提高，学生只有一些模糊的认识，毕竟学生不是语言学习的专家，而且学生对于教材的理解也是比较表面化的，他们更容易被教材的话题所吸引，并不能正确认识教材背后的编写理念。不可否认，有一些教材的话题的确已经过时了，比如"去邮局""希望工程"之类，完全可以在教学中舍弃不用，但是在这些单元/课文内部所包含的"语言功能"恐怕不能随意放弃。教师可以通过课程评估手段了解学生喜欢或者不喜欢哪些教学内容，再进行相应的调整，但是绝不应该完全由学生来决定哪些单元要上，哪些单元不上。

　　此外删减也可能只在一个单元内或者一篇课文内进行，这是最常见的调整教材行为。前面谈到，教材编写者总是会多准备一些材料，便于一线教师选择使用，因此教师在一个单元/课文的范围内，对教学内容进行必要的删减完全正常。

　　比如某本教材在口语表达环节设计了小组活动和全班活动等多个任务，这时候，是否要每个活动都做一遍，教师可以根据教学时间和学生的语言能力来决定。如果学生语言能力不强，则不一定每个活动都做。有时候，多做一个或者少做一个课堂活动对于学生的语言能力提高没有决定性的影响，如果学生能够在某一个活动中充分锻炼语言能力，教师的教学目标同样能达到。

　　又比如课文后面的补充阅读中，一般也会列出词汇表，这时教师就没有必要像新课一样去教这些词汇，完全可以让学生课外自学。事实上，教材的编写者一般将扩展练习、补充阅读之类都放在每个单元的最后，从某种意义上就是告诉教师这部分内容可以根据情况来决定是否要教。因为如果教材编写者把这些内容放在某个单元/课文的中间，教师很容易理解成这些都是重要的内容而不敢轻易调整。

　　无论是删除单元和课文还是部分教学内容，教师都应该告诉学生为什么要删除这部分内容。对于删减教学内容，有的学生会欣然接受，可是也有部分学生对此感到不安。在他们眼中，教材中的内容都是重要的，就意味着自己的学习可能有缺陷，这样的想法可能与他们以往的学习经历有关。因此教师有必要与学生进行沟通，告诉他们为什么要删减，教师采取了什么其他的措施，或者学生自己可以如何去处理这些教学材料等。总之，沟通才能让学生接受。

第二种是补充。补充材料的前提是不影响教学目标的实现。一般是教师希望能让学生更加全面深入地学习某个主题而选择一些相关教学材料。

比如某个单元是关于中国教育的主题，课文涉及了大学扩招，中小学学生作业负担重等问题，教师在课堂讨论中发现学生对中国学生的课外补课情况很感兴趣，于是第二天上课找来一篇相关的新闻报道，让学生阅读，并请他们讨论对这个现象的看法，这就是一种补充。

教师还经常需要补充一些语言点的练习。课本中的语言点练习一般都是根据编写者对学生水平的估计而编写的，可能有一些语言点，编写者认为不重要或者学生应该已经掌握，可是教师发现自己的学生并没有掌握，那么教师就可以设计一些补充练习，帮助学生们掌握这些语言点。

有的时候，教师还需要另外补充一些语法点的讲解材料。有的教材语法点解释比较简单，教师觉得教学效果不好，这时候可以参考其他教材或工具书，一方面有利于教师的教学，另一方面这些材料也是学生课后复习的好帮手。

有的时候补充教学材料是一种"更换"，就是教师在删去了一些过难或者过旧的教学材料后为了保证总体教学目标的实现而补充一些教学内容。比如，某一课是关于去邮局打长途电话的课文，教师觉得这个内容在现在的生活中基本已经不需要了，但是打电话或者打手机还是需要的，特别是其中的"给……打电话"这个句型结构还是有用的，于是教师从别的教材中找了一些相关的内容，然后在课堂上教给学生。

第三种是调整。包括改变调整教材中原定的顺序，改变活动和练习的形式，细化活动的步骤等。

教师不一定按照教材原来设计的顺序进行教学，可以根据需要进行适当调整。教材的编排一般都是遵循从易到难的顺序，但是有可能出现后面的课文容易而前面的课文较难的情况，这个时候，教师可以调整教学的顺序。比如《桥梁》第一课"我的希望工程"生词多，文化背景复杂，学生学起来觉得困难较大，而第二课"差不多先生传"不仅生词不多，且内容较为有趣。于是教师就可以先上第二课，再上第一课。学生就不会觉得那么困难了。

还有的时候教师发现教材的顺序可能与学生实际需求的顺序不符，也可以考虑把那些学生想学习的内容调整到前面先上。比如《中文听说读写》（第二版）是一本很好的教材，很多来华短期语言项目都用这本教材，但是这本教材原来是为在美国学习汉语的学生编写的，因此"买东西"这个话题安排在第九课，位于教材的后半部分。可是在中国生活和学习的学生需要尽早学习"买东西"这个功能，因此教师完全可以把部分内容提前到前半学期来教。由于学生在中国，买东西的需求比较强烈，即使课文稍有难度，学生也很有兴趣去学习。

在实际教学中，较多需要调整的地方是语言练习。相对来说，教材编写者在课文、语言点注释等方面投入的精力较多，而对练习和活动的编写往往细节考虑不够，教师需要根据实际情况做出相应的调整和细化。

有的教材设计的活动不够好教师可以做些改进。比如有一本教材中设计了一个"双人活动"：同学分别是两个商店的老板，先给自己商品定价，再互相问价钱。有的教师觉得这个活动设计没有充分利用学生的多元特点（是在中国国内教学）。不如让学生们写出这个物品在自己国家的价格，比如美国同学写可口可乐在美国是多少钱，日本同学写在日本可口可乐是多少钱，然后让他们以国别分成若干小组，通过询问，了解对方国家这个东西是多少钱，哪里的东西最贵，或者什么东西在这个地方很贵（"贵"本身就是本课的生词之一）。各小组讨论完，老师请各小组派代表来汇报小组讨论的结果。这样的调整能够使得教学活动得到提升。

另外有的教材活动设计很简单，比如某个活动设计"讨论：大家讨论去哪儿旅行好"，要求一个同学上来，其他同学给他提建议，但这样的活动学生表达很有限，也不积极。教师可以考虑修改规则，改成：每个同学必须建议那个同学去自己的国家，这样每个同学都会很有积极性。总之，教师可以根据自己的教学经验改进教材中的教学活动。

参考文献

Cunningsworth，A.（1995）*Choosing Your Coursebook.* Oxford：Heineman. 上海外语教育出版社影印。

程晓堂、孙晓慧（2011）《英语教材分析与设计（修订版）》，外语教学与研究出版社。

国家对外汉语教学领导小组办公室（1996）《汉语水平等级标准和语法等级大纲》，高等教育出版社。

姜丽萍（2010）《对外汉语教学论》，北京语言大学出版社。

柯传仁（1992）介绍一种中文口语能力考试——OPI，《语言教学与研究》第 3 期。

吴勇毅（2012）《对外汉语教学法》，商务印书馆。

第八课
如何用汉语教汉语

【案例1】 用汉语教学行得通吗?

今天是李华第一次教零起点学生。李华以前教的都是中级班学生。昨天备课的时候，他就事先想好了第一次见面应该说的话。

"你们好，我是李华老师，欢迎你们来华东师范大学。"李华面带微笑地跟同学们打招呼。学生全都微笑着，可是看起来一脸茫然。李华想:"不行，他们是零起点，汉语听不懂，我还是用英语吧，要不学生连我的指令都不明白。"于是李华就用英语做了自我介绍，然后开始上课。学习句子和词汇的时候，李华也把每个词汇和句子都用英语解释一下。

"Do you understand?"李华担心学生听不懂自己的说明。看到学生们纷纷点头，他放心了:"That's good, OK. Let's move on. Please read after me. …"

······

第一节课就这样结束了。

上完了第一节课，李华也做了一点反思。他开始怀疑自己以前教学法课程上的理论了。他记得那个时候老师说上课应该尽量用汉语，少说外语，可是他经过这次实践以后，发现如果用汉语，学生是听不懂的。他在反思笔记中写道："学生水平那么低，我不可能用汉语上课，很多词汇和语法用汉语解释他们没法理解，还是讲外语比较好。""我当年学外语的时候老师也是一开始讲汉语的，这样自己才能理解那些英文词汇句子的意思，所以教外国人不可能全用汉语上课。中级班高级班学生可以，对初级班学生肯定要讲外语的。"李华甚至有点怀疑，是不是因为以前的老师英语不够好，所以才无法使用英语教学。想到自己英语已经过了八级，和老外沟通一直没问题，他感到英语好可能正是自己在从事汉语教学时的一个优势呢。

一个月过去了，李华一直在用英语给学生讲解单词，解释语法，布置任务，他觉得挺方便的。李华还特地学了好多英语词汇，比如，为了教笔画，他专门查了词典，知道了"点"是 dot，"横"是 horizontal，"竖"是 vertical，"提"是 rise 等。看起来学生也没有什么意见，只是偶尔几个日本学生会抱怨听不懂，或者有时候跟他开玩笑"来中国以后，我的英语进步比汉语大。"李华想，反正英语是国际通用语，学生不懂，只能说明他们自身存在不足。

【点评】

李华遇到的情况很多初上讲坛的教师都会遇到。虽然他们主观上认为需要用汉语来上课，尽量减少外语的使用，但是由于担心学生不能理解自己的话语，再加上没有掌握恰当的方法，使得整个一堂课上汉语反而用的时间很少，甚至在实践中渐渐形成错误的观念。

一、为什么要用汉语来教汉语？

我们认为，为了创造良好的语言教学环境，提高学生的语言能力，有必要全程使用汉语教学，将学生母语的使用尽可能减少到最低程度。这个原则不仅适用于在中国进行的对外汉语教学，也适用于海外的国际汉语教学；不仅适用于成人的汉语教学，同样也适用于儿童的汉语教学。"用汉语教汉语"是国际汉语专业教师的重要实践能力之一。

我们所说的"全程"，是指各个教学环节中，包括提问、评价、解释、组织教学、课堂管理等环节要尽可能使用汉语。

我们之所以要求教师尽量用汉语来进行教学，是因为这对于语言学习有着重要的意义。根据克拉申（Krashen）的"输入假说"（Input Hypothesis），并非所有的输入都会对学生的语言习得产生作用。学生通过理解含有略超过自己语言水平的输入，能够沿着天然的习得顺序不断进步。克拉申把这样的输入称为"可理解输入"（comprehensible input）。因此，学习者大量接触可理解的语言对于他们掌握新语言十分关键。虽然学生能在课外接触到大量真实的语言，但可能超出学生的理解水平，未必是理想的"可理解输入"。而教师经过调整的话语则是高质量的可理解性输入。而且课堂教学本身就是一个鲜活的情境，教师如能充分利用，帮助学生理解和使用汉语，对培养学生的语言能力十分有帮助。

目前很多教师对于在中国国内进行教学时必须使用汉语、不能使用外语已经达成共识。但提出的理由多是在中国国内教学时，学生来自不同的国家，如果使用某种外语可能会引起部分学生的不满。这个理由自然容易让人感到如果在海外从事汉语教学，学生全部都是一个国家的学生，因此自然就能大量使用学生母语作为媒介语了。除此之外，还有的教师认为自己的外语很好，利用外语来教汉语不存在困难，因此可以利用外语作为媒介语来进行汉语教学。对此，笔者觉得有必要做出一点说明：

第一，现代教学理论并没有完全禁止教师在课堂上使用学生母语，并不会将学生母语视为洪水猛兽。在使用学生母语的问题上，现有的教学理论与以前的教学法（如直接法、听说法）相比，有一个很大的区别就是：将学生母语看成是他们拥有的各种学习资源之一，允许师生在适当条件下使用。而且现有的研究发现即使教师不使用学生的母语，学生自身也会自觉不自觉地将汉语与他的母语或者学过的其他外语进行比较。因此，如果教师适当地引导学生将母语和汉语作对比，可以加深学生对于汉语的理解。同时很多教师也发现，适当使用学生母语会带来很多好处，比如有效减轻学生的学习压力，因此当教师发现学生情绪低落，或者试图减轻学生的焦虑感，或者需要解释一个比较复杂的语法时，往往会使用学生的母语。

第二，虽然我们不反对教师使用学生母语，但是我们仍然要求教师在课堂上尽可能多地使用汉语，尤其是在海外从事汉语教学的老师。在海外进行汉语教学，学生一旦离开教室，就很少有机会接触到汉语，因此课堂中教师的语言几乎是他们在听力上的唯一的语言输入来源。学生在课堂的时间就是他们接触新语言的全部时间。如果教师大部分时间用学生母语授课，那么其实剥夺了学生接触汉语的时间。为了充分创造语言环境，汉语教师必须从上课的第一天起就在课堂上不断提供这种输入。我们发现相当一部分老师在教授初级班时，使用汉语不是太多，而是太少。教师基本上是用学生母语来教授汉语的，除了领读课文生词之外，几乎不用汉语；学生只有在朗读和回答问题时才使用一些汉语，课堂中相当多的时间都被学生的母语所占据，学生没能充分接触汉语。事实上，即使如 Cook 等主张适当使用学生母语的专家，也只是认为"可以"使用学生母语，而非大量使用。

第三，中小学汉语教学也不意味着可以大量使用学生母语。有的新教师觉得中小学生年龄小，认知能力不强，教师用汉语上课学生听不懂。很多新教师特别提出，由于中小学课堂情况复杂，如果不使用学生母语，无法管理课堂。其实不然，课堂指令的特点之一就是每次上课都会重复，学生有多次机会来反复练习，因此恰恰是使用汉语的好机会。而且在这些常规程序中使用目的语正好向学生表明他们所学习的新语言能够起到什么样的作用，让学生体会到目的语可以用在生活和工作中。比如下面这个场景：

老师说：请打开书，翻到第七课。

学生说：对不起，请再说一遍，好吗？

老师说：好的，我说翻到第七课，听清楚了吗？

当汉语教师用汉语发出各种指令，学生就需要按照指令完成各种任务。而上例中因学生没有听清，而要求教师重复所产生的"互动交际"，更能够进一步促进学生习得第二语言。因此，教师和学生之间用汉语进行的交流实际上就是一种交际的训练。学生可以从自己或者他人跟老师的课堂交际中，了解到今后如何与其他人交际。这种课堂中教师用汉语跟学生进行交流和互动的方式能够有效提高学生的交际能力。现代的任务型教学理念强调"做中学"，课堂上与教师的交流就是一种"做中学"。

即使教师认为维持纪律对教学很关键，也不一定要使用学生母语，否则等于暗示学生母语更重要。在中小学教学的一章中，我们谈到了教师可以通过事先约定规则等方式来发布维持纪律的课堂用语，因此如果教师让学生预先了解了常用的维持纪律的话语，也可以减少学生母语的使用。

第四，新教师需要更新自己的一些传统教学观念。很多新教师认为，老师就是要"教"：把汉语的知识教授给学生，如果老师不教，那么学生是不可能明白的。很多新教师大量使用学生母语的原因是担心学生汉语水平低，听不懂老师的话。新老师尤其担心学生不理解一些词汇和语法的意义，因此教学时花大量时间解释词汇和语法。可是现代语言教学理论告诉我们学生的语言能力不仅仅是老师教出来的，也是学生自己建构出来的。因此，教授新语法时，用学生母语讲解规则只是其中一种方式，教师还可通过自己的动作演示或者让学生自行发现规则等多种方式来让学生理解语法意义，这种学生猜测然后掌握意义的过程正是一个"建构"过程。很多新老师解释词义时，受到传统语文教学的影响，常常在脱离语境的情况下孤立地说明词义和语法意义，这样的解释和说明对于学生来说，很难理解，即使理解了，也不一定能使用。因此"词汇解释"最好是通过简单而有效的情境设计来帮助学生"理解"，此时教师不像是"教授"，而更像是"助手"。教师如果在观念上有所突破，也会减少学生母语的使用。

第五，新教师需要学习一些用汉语教授汉语的方法和技巧。实际上，接受过一定训练的新教师完全能够实现用汉语进行汉语教学，能在初级汉语教学中做到"以汉语教汉语"正是国际汉语教师的专业能力的一种体现。

因此新教师在参加各种培训时，有必要学习一些技巧，诸如在解释和展示语法时，可以多用肢体动作，通过将语音与意义直接相连的方式来减少讲解，而当学生理解有障碍时，才采取"语码转换"或者"三明治"教学方式，而不是大量使用学生母语。又如教师在组织各种语言活动时，也可通过做手势、与高水平学生做示范等方式来帮助学生理解教师的指令。

　　总之，我们不是绝对禁止教师在教学中使用学生母语。学生母语是教师可以使用的众多资源之一，但是使用这个资源以前，正如《语言与儿童》（柯顿、达尔伯格著，唐睿等译，2011 年）书中所述，教师在使用学生母语前应经过有意识的思考，而非脱口而出。它建议教师在使用学生母语之前，做如下的考虑：

　　1. 我能否运用某种方法用目的语来传达这一思想？

　　2. 我是否能简化概念或者信息？

　　3. 我是否能添加一些具体的实例或视觉提示或经验，使概念或信息能用目的语表达且易于理解？

如果以上问题答案为否，再考虑以下问题：

　　1. 能否将其转换成其他概念？

　　2. 能否暂时避开这一话题，知道他们可以用目的语处理时再提及？

　　3. 能否不使用学生母语让课堂活动继续？

　　4. 能否不将这一部分内容留给我请假时接替我上班的讲母语的教师？

　　5. 能否将其布置为使用母语资料完成的家庭作业？

如果以上所有问题答案都为否，再用母语。

　　我们发现，新老师常常不知道在课堂管理中哪些环节可以使用汉语，为此我们觉得至少以下这些环节可以考虑使用汉语：

　　1. 跟学生打招呼和告别的时候。

　　2. 课堂指令语，尤其是一些每次上课都会用到的常规指令。如"打开书""跟我念课文"等。

　　3. 一般性询问："玛丽没来上课，有人知道为什么吗？""你的作业交给我了吗？"

　　4. 对学生回答的反馈：比如"很好""不错""不对"。

这些话语在课堂语境下都是很自然且多次重复发生的。如果教师可以使用汉语，会为学生创造出比较好的汉语环境。从这个角度说，海外汉语教学教师仍要注意尽量使用汉语来教学。

事实上，对新教师来说，最大的问题不是用不用学生的母语，而是用多少。已经有很多研究发现教师自身对用了多少没有正确的认识，而从我们听课过程来看，觉得大部分的新教师使用学生母语偏多，而且常常是在没必要的地方使用。

总之，教师的话语能力与教师的教学理论水平、教学实践能力、教学方法的运用有着密切的关系。教师的课堂话语水平体现了教师的素质，决定了教学效果的成败。从教师专业能力提高的角度来说，光知道原则是不行的，教师需要掌握一定的技巧。如果光用语言来说明教学内容而没有其他辅助手段，学生有时的确难以理解。

【案例2】 反思笔记一则

今天我听了王老师的一节课，让我很吃惊的是，她一节课中，始终没有用学生母语，教学效果也非常好，在这里我总结一下王老师的一些特点：

第一，王老师在解释的时候常常利用图片、实物或者有时干脆就自己表演一下。比如教授一些动作的词汇，王老师就自己简单表演一下。教"跳"的时候了，王老师就真的跳了一下，学生们一下子就明白了。有时候动作不好演示，王老师就会在PPT上打出图片，比如"游泳""钢琴"，然后指着这些图片说出汉语发音，这样学生一看图片也就明白了。

第二，王老师善于利用自己肢体动作和表情来配合自己的话语。我发现她总是一边做动作一边说相应的话语。比如，王老师总是边说"打开书"边做出打开书的动作。

第三，在组织一些较为复杂的活动时，王老师常常为每个指令和步骤提供示范。王老师常常一边说活动指令，一边演示。比如有一次她要求学生在练习纸上画一个表格，她先说"请拿出一张纸"，然后自己拿出一张纸，接着在黑板上画了一个方框，并且用手势表示这个方框代表这张纸。

然后她说"这里画一条竖线",边说边在黑板上画一条竖线。这样学生听着老师的指令,看着老师的动作,很容易地就理解了这个活动的要求。王老师示范时,手势、表情和动作常常比较夸张,这样保证所有的学生都能理解。

第四,王老师的语言比较简单,并且选择学生熟悉的词汇和结构。为了使语言变得易于理解,王老师常将指令分解为若干个小的、逐渐递增的部分。比如课文中的指令是"请在纸上画一个7×2的表格"。王老师就这样说:"请大家画一个表,这个表有两行,七列。"语言简单再配合自己的动作示范,学生就能懂。

第五,王老师多次重复某些课堂话语和指令,而且每次上课,她的这些课堂指令话语几乎没有变化。这对于学生理解很有帮助,比如"打开书"这样的指令,即使刚开始学生可能忘记了,但是通过教师有意识地多次重复,学生就能加深印象,直到最终记住。所以我发现对于一些常用指令,王老师几乎不换词。比如她一直说"请跟我念课文",而我自己上课则一会儿用"请跟我读",一会儿用"请跟我念",这可能就是有时学生对我的指令没有反应的原因吧。

课后我问王老师,如何能保证学生都理解,因为我觉得如果我没有翻译给学生听,他们真的能理解吗?王老师告诉我不要迷信翻译。我们要让学生们通过目的语来学习,而不是参考母语来学习。王老师还告诉我,如果学生有母语的期待,就不会认真地听老师用目的地语所做的说明,这样也就是失去了利用目的语构建意义的过程。王老师说,即使要用翻译,那么也可以用"这个词英语里怎么说?"来引导学生。如果老师发现某个难词实在回避不了,也可以将这个词语写在黑板上,引导学生自己去查字典理解意思。也就是说,教师不一定要主动用英语来向学生解释。

她还告诉我,处于起步阶段的学生常常会用母语提问,这时候老师可以把他的提问用目的语重复一遍,这就提示学生尽量使用目的语来问。而老师则始终用目的语对提问或者问题做出回应。如果学生不理解，可以让已理解的学生告诉不理解的学生，或者把关键的词语写在黑板上，让学生通过查字典来解决。王老师说，磨刀不误砍柴工，虽然看起来老师使用目的语教学在初级阶段影响了教学效率，但是从学生语言能力发展来看，是有好处的。所以她一直坚持用目的语教学。

听了王老师的话，我真的觉得她在使用汉语进行教学上有很多方法。回想我自己的教学语言就有不少问题。记得上次尼克下课以后来找我，他问我是不是看不起黑人（尼克本人是黑人）。我说我怎么会看不起黑人呢。尼克说："那你为什么老是骂我们，老说我们 nigger（黑鬼）呢？你常常说这个词。"我这才想起来，我说话有个口头禅"那个"，听起来很像 nigger，一定是这个造成学生的误会。我后来跟尼克做了解释，他将信将疑地走了。看来以后一定要克服这个口头禅的坏毛病。

总之，教师使用汉语教学也是挺不容易的。

【点评】

李华的笔记很好地总结了王老师使用汉语教学的几个特点。很多教师能对于中级班的学生用汉语教学，但是一到初级班，就不知道怎么办了。对新老师来说，首先要有坚定的信念，相信可以用汉语进行教学，相信用汉语教学会对学生的学习有帮助，然后在实践中不断尝试，即使遇到困难，也不退缩，而是向前走，寻求新办法。这样，教师用汉语教学的能力一定会越来越强。

二、教师话语使用有哪些基本原则？

教师语言在组织教学、管理课堂、传递信息等多方面都发挥着很大的作用，因此教师应该善于通过自己的话语鼓励学生参与课堂交流，积极表达思想，并且创造一个和谐、安全的课堂环境。

国际汉语教师在话语使用时应当遵循以下一些原则：

1. 恰当性。

恰当性是汉语教师在使用课堂话语时的最基本要求。这里的"恰当"包括三个方面的含义，首先是教师应使得自己所使用的词汇和语法尽量与学生的语言水平相符合。我们所说的"符合"，并不意味着绝对不能出现学生没学过的词汇和句型，而是指达到能让学生理解的程度。

其次是指语体、语用等方面的"得体性"。比如，在进行儿童汉语教学时，不要使用太正式、太严肃的表达，而对成年学生，则不要用小孩子的语言来跟他们交流。比如"接龙游戏"这个活动，在对儿童进行汉语教学时，老师会用"开小火车"这个说法，这是得体的、合适的。可是如果是对成年学生，"开小火车"的说法显然太幼稚了。有的新教师在刚开始给外国学生上课时，面对年龄比自己大的"外宾"，会情不自禁的使用非常礼貌的句子，包括用疑问句来表示的请求，比如："请您给我们念一下生词？好不好？"这样的"礼貌"没有必要，因为在课堂中，教师和学生都有自己清晰的角色定位。虽然现在我们主张教师和学生平等交流，但是这样过分"礼貌"的句子会产生不必要的麻烦。事实上，我们的确看到有的调皮的学生会顺着老师的问题说"不好"，造成老师的尴尬。

第三，恰当还指语速上的合适。在初级班教学，为了能让学生听懂，教师有两种选择，一种是放慢语速，一种是语速略微下降，但是多次重复。我们认为，在教学的最初阶段，教师可以根据学生的语言能力情况，适当放慢自己的语速，但是不要过分慢，因为教师在课堂上要尽量创造一个接近真实的语言环境，而在真实的语言环境中是没有人以很慢的语速来说话的。因此如果教师希望学生能逐步听懂中国人说话，就要使自己的语速保持在比较恰当的速度上。即使老师要放慢语速，我们也建议老师以词汇为单位，可加大词汇之间的停顿时间，而不要把每个字都放慢。例如：我……每天……三点钟……起床。（……表示停顿），而不是：我……每……天……三……点……钟……起……床。因此，如果教师不想语速太慢的话，可以考虑适当重复自己的话语。

2. 适当重复原则。

这对于初级汉语教学来说比较重要。重复包含两个层面，一个是教师在课堂教学时就有意识连续几次重复自己的刚才的话语，比如老师解释"爱好"这个词时说："爱好就是你喜欢做的事情……我喜欢做的事情就是我的爱好。我喜欢游泳，游泳就是我的爱好。我喜欢唱歌，唱歌就是我的爱好。"学生的听力能力在初级比较弱，听到汉语发音很难马上与意义联系起来，因此教师适当地重复能够给他较多机会、较多时间去确定发音和意义之间的联系。另一层意思就是教师的话语应该在某一段时期内保持一致。这样即使学生一开始不太懂，多次听到教师同样的语言，结合课堂中的具体情境，就能逐步理解话语的含义，这在初级阶段尤其重要。比如老师说"打开书，翻到第……页"，学生可能不懂，这时候需要老师自己示范，结合动作演示以后，才能使学生明白这句话的含义。但如果以后每次上课，教师都重复这句话，过一段时间教师就无须再做动作了，学生听到了就能理解这句话的意思。

不过，适当重复不意味着教师语言的机械性重复。比如下面的例子：

【例1】

老师：你叫什么名字？

杰克：我叫杰克。

老师：你叫什么名字？

玛丽：我叫玛丽。

老师：你叫什么名字？

彼得：我叫彼得。

老师：你叫什么名字？

……

【例2】

老师：你叫什么名字？

杰克：我叫杰克。

老师：你好，杰克。（问玛丽）你呢？

玛丽：我叫玛丽。

老师：哦，你叫玛丽。（做手势向着彼得）

彼得：我叫彼得。

……

在例1中，老师主要是想让学生练习"我叫……"，可是由于多次重复同样的话语，显得非常单调，很容易让学生觉得无聊，因此教师没有必要每次都完整地提问，而是可以用"你呢？"或者手势来代替（注意：不是用手指指着学生），这样就压缩了教师不必要的说话时间，给学生以更多的说话机会。因此，教师需要把握好重复的度和量。

教师话语中还要避免不必要的口头禅。口头禅常会分散学生的注意力，使他们以为那是个有用的词汇，还会带来一些不必要的麻烦。案例2中讲到的尼克的故事就是一个警示。

3. 循序渐进。

教师要了解所教学生的语言水平。尽量采用学生学过的词汇和句子来进行课堂交流，适应学生的年龄和语言能力。教师要有语言等级的意识，知道初级、中级、高级学生的语言能力（如果是海外教学，要知道海外学生的"初"、"中"、"高"等级的语言能力，可参见 ACTFL）。教师要有意识地把已经学过的句法和词汇逐步增加到自己的课堂话语中。一般来说，针对初级水平的学生，教师的话语是以短句子和单词为主，到中高级班可以逐步加长加深。例如下面一个"翻到第110页"的指令，从零起点学生到中级班学生，分别采用以下的指令用语：

（1）110页。（教师一边说，一边在黑板上写"P110"）

（2）看110页。

（3）请大家看110页。

（4）翻到第110页。

（5）把书翻到第110页。

（6）请同学们把书翻到第110页。

在从指令（3）过渡到指令（4）的初期，教师可以同时说（3）和（4），让学生意识到这两个句子在课堂上意义是相同。指令（5）的使用不一定在学生学了"把字句"之后，而可以在学完了结果补语之后就使用。这是因为由于课堂情境非常清楚，教师完全可以通过动作让学生理解"把书翻到110页"的含义。学生没学过"把字句"，不意味着他们不能理解带有"把"的句子。在"把字句"正式教学之前，就能有机会让学生接触"把字句"的用法，正好有利于学生理解和掌握这个语法点。

刚开始教学的老师，课堂话语往往存在"降不下去"的问题，即教师的课堂用语偏难；而教了一段时间之后，课堂话语又"提不上来"，即使面对中高级学生，也习惯性地采用非常简单的话语与学生交际，这同样不利于学生语言能力的提高。因此，教师话语要把握好"难易度"，新教师要在实践中逐步体会、运用。

4. 考虑课堂话语的有效性

课堂话语要考虑学生的接受能力。比如，有的老师在纠正学生发音时说："不对，你这个 in 发得太靠后了，舌头要往前。"或者"要卷舌，卷得不够"。一般的学生难以理解这样的话语，因为这里面有很多他不熟悉的词汇。即使学生听懂了老师的指导用语，由于并非语言学专家，也不一定能体会舌位前后位置的区别或者如何正确地卷舌，这样的课堂用语是无效的。

教师还要避免一些在教学中没有实际意义的话语，比如"刚才我念的课文，你们听懂了吗？"或者"你们都明白我的要求了吗？"即使学生回答"听懂了""明白了"，也不代表他们真的明白了，听懂了。这种"匿名"的问题使得学生不清楚自己是否应该回答，因而极容易造成师生之间的误解，因为教师可能只听到两三个人的回答"听懂了"，就误以为全班都是如此。（佩奇，2010）

因此，教师在教完生词、念完课文或者发出指令之后，应当通过一定的手段来检测学生的理解情况，而不是仅仅提一两个类似"你们懂不懂？"这样的问题来了解学生的理解情况。比如在对"歌星"这个词语教学时，教师在解释的时候可以说："Michelle Jackson 是歌星，他唱得很好。Whitney Houston 是歌星，她也唱得很好。"看到学生都在点头，教师应马上提问"姚明是歌星吗?""Justin Randall Timberlake 是歌星吗?"如果学生都能正确回答，说明学生已经知道这个词语的意思了。

教学中还要避免一些会给学生带来负面影响的课堂话语，比如："这些单词我昨天已经教过了，你今天怎么都忘了? 你们真是不努力。"在语言学习中单词遗忘是正常现象，不代表学习不努力，教师没有必要对学生表达不满意，这样只会加重学生的心理负担，造成他对汉语学习的恐惧感。

课堂话语的有效性直接决定课堂教学的效率，教师必须对此加以重视。

5. 新教师需要做一定的准备。

随着任务型教学法逐步进入对外汉语教学，课堂活动的数量大大增加了，课堂指令的复杂性也增加了。如果不事先做一定的准备和计划，我们就可能使用学生觉得非常复杂的句子，造成学生无法理解教师指令。

教师准备的时候最重要的考虑就是如何把自己的意思清晰地传递给学生，并且做出预设"如果学生不理解是否有其他辅助手段可用"。比如在设计活动的时候，就把教师的示范作为一个热身活动设计进去，也是帮助学生理解教师课堂指令语的一个好办法。

有时，学生用外语向老师提问，造成老师也不得不用外语回答。因此为了保证学生在遇到困难时依然用汉语提出自己的问题，教师可以在教学的最初阶段就教学生一些语句，包括"我不懂""能不能告诉我"，或者"能再解释一下吗?""我不明白这个词语的意思""这个单词是什么意思"等。当学生用外语向老师提问时，老师首先可以提醒学生能否使用上述句子来提出问题，这样也能推动师生在教学中使用汉语。

总之，我们对教师使用课堂指令语提出以下一些建议:

(1) 在备课的时候就仔细考虑如何用目的语来发指令。

(2) 确保已让学生集中注意力。

(3) 多次展示必要的信息。

(4) 用例子来说明。

（5）指令清晰且简洁。

（6）如果教师担心学生不理解自己的指令，可以要求班上的一个学生把自己的话翻译给其他同学听。

（7）如果发现学生实在无法听懂自己的指令，再使用学生的母语。

【案例3】 一次教研活动

今天的教研活动上，张老师放了一段试讲录像，请老师们谈谈自己的看法。

录像：

老师：我们来看课文上的一句话"我对中国音乐很感兴趣"（板书该句子），杰克，请你把这句话翻译成英语。

杰克：I'm interested in Chinese music.

老师：Great！那么 I'm interested in American music 汉语怎么说？

杰克：我对美国音乐感兴趣。

老师：Very good。玛丽，你说一下。

玛丽：我对美国音乐也感兴趣。

老师：Good job!

……

看完以后，老师们纷纷谈了自己的意见。

严老师说：这位老师上课都是用翻译，都是中译英或者是英译中，这样不能真正帮助学生运用汉语。

陈老师说："他在外语使用上也有问题，比如'把这句话翻译成英语'他用的是汉语呢，可是表扬的时候'Great''Good job'反而都是用英语。我的感觉就是可以用英语的地方没有用，而不要用英语的地方却用了。"

蔡老师说："我觉得他纠错也不严格，那个同学说'我对美国音乐也感兴趣',语法错了,可是他也没纠正。"

张老师说:"有没有人觉得他表扬太多,好像没怎么纠错?你们觉得这种做法怎么样?"

陈老师说:"我觉得他表扬太多了,而且没有什么差别,不管学生说得好不好,都是'good',这对培养学生语言能力不利。"

李华说:"我也觉得他纠错不严格,可是我也有个疑惑,要是老师太严格纠错,是不是会打击学生的说话积极性呢?"

陈老师说:"我觉得纠错还是要严格的,否则学生会误以为自己真的说得很好,这样跟中国人交流的时候,要是发现中国人都听不懂他说的汉语,岂不是更影响他学习的积极性?"

李华信服地点点头:"您说的有道理。要是又纠正学生错误又不伤害他学习积极性就好了。我倒是没想到,对留学生的表扬批评也挺复杂的嘛!"

【点评】

教师在教学中总是需要对学生的回应做出一定的评价,其中正面的回应就是通常所说的肯定和表扬,而负面的回应则是纠正和批评。纠错和表扬既要注意时机,也要注意方法,更要注重效果,对新教师来说,看似简单,其实不易。

三、纠错有哪几种方式?

传统的语言教学中,我们发现纠错对于学生的语言学习有很大的作用,因此相关研究比较多。纠错有两种,一种是显性(explicit)纠错,就是直接告诉学生问题所在。比如,教师说:"不对,应该是……"或者"你不可以这样做"。还有一种是隐性(implicit)纠错,就是教师不采用直接的方式来指出学生的问题,而是辅之以回应性提问(echoic questions)来指出学生的错误之处。课堂互动研究证实，回应性提问最容易引发互动调整，而互动调整（modified interaction）正是课堂习得第二语言的关键。

常见的回应性提问包括以下三种方式：

1. 理解检查性提问（comprehension check），这类问题通常是为了确定对方的理解度而提出的问题。比如："我刚才说的'80后'，你知道吧，就是指1980年到1989年出生的人。"这里的"你知道吧"就属于理解检查性提问。

2. 要求说明性提问（clarification check），这类问题都是要求对方说明或澄清事实。比如"你说什么？我不太明白。""再说一遍，好吗？"

3. 确定理解性提问（confirmation check），这类提问的目的是为了确定自己的理解是否正确，比如"你是不是说……？""你的意思是……？"

隐性纠错的目的是希望学生自己意识到自己话语的问题。现代语言教学鼓励学生自己发现错误，而不是由教师直接告诉他们正确的句子，这样能够让学生注意他人对自己语言的反馈，从而提高纠错的效率。

在实际教学中，显性纠错和隐性纠错各有利弊。显性纠错能使学生明确意识到自己的错误，并在教师指导下改正；缺点是可能会使部分学生感到"丢脸"，产生畏难情绪，甚至影响学习汉语的积极性。不过，大部分学生都是抱着比较积极的态度来学习语言的，很多学生还是愿意教师来纠正自己错误的。在很多课后评估中，学生对教师不能及时纠正自己的错误感到不满。（不过如果教师真的"有错必纠"，学生也会抱怨，这其中有一个"度"的问题。）

隐性纠错虽然能有效保护学生的"面子"，但是也存在学生不了解教师在纠错的尴尬情况，教师虽然花了很多力气纠错，学生却根本没有意识到，造成纠错的效率低下。比如下面就是一个失败的纠错例子：

教师：你昨天看书在图书馆？（语调变化，提示学生有错误）

学生：对的，我昨天看书在图书馆。（学生以为老师是跟自己确认地点，所以又说了一遍错句，等于是又强化了一次错误。）

因此，我们鼓励教师将显性和隐性两种纠错方式相结合，根据情况灵活运用。

四、如何有效地纠错？

传统的教学中提倡"有错必纠"，认为如果不及时对学生语言错误加以纠正，学生的不良语言习惯就会养成，将来再改就难了。而现代的二语习得理论把语言错误看作是学习者语言发展的标志，认为这是不可避免的，不必视之为洪水猛兽。我们认为，纠错的问题不在于多纠还是少纠，而在于教师要根据具体的情况来决定纠错的方式。

科德（Corder，S. P.）等人在研究中介语时，把语言学习者的偏误分成三种（前系统错误、系统错误和后系统错误），提出根据语言习得的不同阶段，采取不同的纠错方式。要教师根据学生错误的性质来判断要不要纠正在实际操作中是有难度的，比较容易操作的方式是根据课程的要求来决定是"有错必纠"还是"有错少纠"。例如，当学生在跟教师进行句型操练问答的时候，应该严格纠错。因为这时的教学目标就是要学生输出比较标准的汉语句子。而当学生正在进行小组活动或者双人对话时，经常纠错会打断并破坏学生的思路。如果此时教师对学生的错误有一定的宽容度，有助于形成宽松、和谐的课堂气氛，有利于增强学生的学习信心。

纠错时除了要考虑课程的要求和特点之外，也要考虑学生的特点。由于现在的国际汉语教学已不再是"精英教学"，学生的来源日益广泛，个人的智力结构、情感因素等都是教师在纠错时要考虑的方面。Tsui（1995）就认为是否该纠错取决于学生的水平，如果学生水平低，不可能不犯错误；对于害羞的学生，重要的是让他们表达，而不是纠正他们的错误。

一线的对外汉语教师都觉得纠错很重要，但是具体在教学中，还是不敢大胆纠错，究其原因，教师多是担心纠错会打击学生学习的积极性，其实只要教师纠错的方法得当，并不会影响学生学习的积极性。毕竟，谁都想把所学语言说得比较地道、标准。如果教师不认真纠错，造成学生所说的汉语别人无法理解，形成交际障碍，这种情况才会给他学习汉语的信心带来致命打击。因此，对外汉语教师需要掌握纠错的时机和技巧。

纠错中比较棘手的问题是如何处理需要多次纠错的情况。比如纠正语音错误时，若只纠一次往往不能达到理想的效果，因此教师不得不连续多次纠正学生的语音，直到发音正确为止。此时教师可参考以下的纠错步骤：

1. 第一遍纠正。(可此时学生发音仍不好)

2. 第二遍纠正。(学生发音还是有不足)

3. 教师面向全班，要求全班同学一起来发。(这是保护学生面子的一个技巧)

4. 教师再任意点几位同学，让他们发音。

5. 又针对那位发音不好的同学，要求他再发一次，教师纠正。

6. 如果该生发音依然没有好转，教师可记录下学生名字，课后利用其他机会单独纠正。

另外，纠错的时候要考虑学生能否理解，能否做到，这尤其是在语音纠错的时候。比如下面两位老师在纠正日本同学的 ü 的发音时就采取不同的手段：

第一位老师：你的 ü 发得不对，应该要圆唇，跟我说，ü。

第二位老师：你发う，嘴巴不要变，现在说い，对了 ü。

显然，第二位老师在纠错时考虑到学生对于语音术语的理解问题，采用了比较巧妙的方法回避了语法术语的使用，很好地达到了纠错的目的。

五、表扬学生时需要注意什么?

教师在课堂上对学生的反馈不仅仅是纠错，还包括对学生的鼓励、提示、赞扬等。教师的表扬会给学生带来巨大的鼓励，既可以树立学生的自信，也有助于形成积极、和谐的学习气氛。

教师在表扬学生时应该注意几点：

1. 尽量丰富表扬语的种类，不要总是千篇一律。有的老师表扬用语永远都是"很好"，一节课一直听到这个词，会让人觉得很单调。千篇一律的表扬语使得表扬成了一种机械式的条件反射，没有提供必要的反馈信息。这显然不利于学生对自身语言学习的认识。实际上，表扬也是分层次的，如：

（1）称赞学生表现好，比如"好的""不错"。

（2）称赞学生表现非常好，比如"非常好"。

（3）鼓励学生，比如"加油"，"继续努力"。

2. 表扬不要空洞，尽可能具体指出哪方面比较好。比如，"你刚才讲的内容非常有意思"。教师需要让学生知道自己的积极反馈是真心的，是与学生的表现相关联的。建议教师在做出积极反馈时，可以将表扬的具体内容说出来，比如一位教师对于学生作业的反馈是："很好，作业比较难，可是做得很好。"或许教师可以考虑将这里的"很好"的意义具体说明，如："故事非常有意思，新学的词都用对了。"考虑到课堂时间的压力，教师可能不一定每次都能提供这样的内容，那么也可以尽量使自己的积极反馈用语形成一个层次（比如从"不错"到"很好""非常好"），以此来提供必要的信息，帮助学生了解自己回答的状况。

3. 教师应尽可能明确表扬的具体指向，以避免学生的误会或者疏忽其包含的其他信息。比如有一次一位教师在讲授"激动得流下了热泪"的这个结构时，学生出现了较多错误，有的学生说出了类似"我女朋友高兴得我也很高兴"这样的错句。这时候有一个学生说了一句"我饿得把书看成面包"的句子，于是那位教师先表示了"非常好"的积极态度，然后重复并且改进了学生的句子"我饿得把书看成了面包"。与学生原先的句子相比，教师以重述（recast）的方式，悄悄纠正学生遗漏"了"的错误，但课后研究发现该学生没有意识到教师纠正了自己的一个语法错误，只是沉浸在说对句子的喜悦中。如果教师能在反馈的时候明确自己的表扬针对的是学生造句整体上的意思，比如"非常好，句子的意思对了，但是有个小问题，……"就既表扬学生，又让学生知道自己的不足。

4. 不要滥用。教师在表扬时要注意层次，要根据学生的具体表现给学生以比较准确的评价。有的教师对学生很简单的回答也会给出"太好了"，这样较高等级的表扬用语，使得学生怀疑老师表扬是否真诚。

总之，表扬对于鼓励学生学习有重要作用，教师应该好好加以利用，让它发挥更大的作用。

【案例4】 怎么说明"情态补语"

教师先做一个在黑板上写字的动作，写得很慢。然后对学生说："我写得很慢"，并板书该句。

教师再做一个在黑板上写字的动作，写得很快。然后说："我写得很快"，并板书该句。

老师做一个走路很快的动作，然后说"我走得很快"，并板书该句。

老师依次做各种动作，并且写出例句"我走得慢""我说得很快""我说得很慢""我说得很清楚""我说得不清楚"。

老师写出公式"S+V+得+很+Adj"。

老师：一个人做动作，你看了以后，你觉得他做得怎么样，你就可以说这个句子。（此时教师在讲解这个句型的使用条件）

老师做一个写字很慢的动作。

老师：你们觉得我做得怎么样？

学生：你写字得很慢。

老师：不对，"写字"是"V+O"，所以V应该是……

学生：写。

老师：是的，所以应该是……

学生：你写得很慢。

老师：对了。我写得很慢。如果有O，我们可以用V+O+V+得+很+Adj，所以我们可以说……

学生：你写字写得很慢。

【点评】

这是语法教学的导入和解释阶段。教师通过自己的各种动作，逐一将所要展示的例句呈现出来。由于教师的话语和动作直接相连，因此学生很容易理解教师话语的意义。而教师的每个例句都呈现出"最小差异对"（走得很快，走得很慢），加上教师写的"公式"，又能使学生认识到这个语法结构的特点。在这个案例中，教师并没有使用学生的母语来讲解语法规则，但是教学的效果仍然很好。

六、怎么让初级班学生听懂汉语讲解？

讲解就是指对本课中教学内容的解释，包括对词汇，课文，语法规则等，也被称为内容演示语（content explanation）（Tsui，1995）。讲解对于学生语言学习具重要的作用。当国际汉语教师用汉语在进行讲解时，汉语既是学生要掌握的目标，又是学生获取信息的手段。因此，当学生在听教师讲解时，他关注的焦点不再是语言的形式，而是语言的意义，这对于学生习得语言是有帮助的。但是教师每节课所要讲授的内容不同，因此讲解用语是变化的，动态的，对于学生来说，听懂讲解用语就有一定难度。

直接法的创始人之一贝力子（Berlitz，M）曾经对教师的讲解用语提出自己的看法，比如他提出教师在进行外语教学时，应当"不翻译而演示；不解释而做动作；不演说而问问题；不模仿学生的错误而纠正；不说单词而说句子；不要说得太慢，而要使用正常语速；不要说得太快，而要说得自然；不要用大嗓门，而要说得自然。"我们认为，贝力子的这些建议至今仍有价值。

为了让初级班学生能听懂教师的讲解，教师一般都会降低自己话语的难度。Chaudron（1988）指出教师通常在四个方面（语速、用词、句法和篇章）来修正自己的课堂话语，以帮助学生理解，具体而言有以下特点：

1. 语速比较慢。
2. 为了能使学生理解，停顿比较多。
3. 发音往往会比较夸张。
4. 使用简单的词汇或者句子。

5. 少用复杂的从句。

6. 多用陈述句，而不是疑问句。

7. 教师自我重复比较多。

对很多新教师来说，如何让初级班的学生听懂自己的讲解，是一大挑战，我们分别针对词汇教学和语法教学提供一些思路，供新教师参考：

词汇教学中解释方法主要有：

1. 简化语言。教师在讲解时，使用简单的语言是最基本的方法。比如解释词汇"美丽""去世"，教师可以说"美丽的意思是漂亮""去世的意思就是死了"。

2. 具体化。具体化的含义就是通过大量的具体的描述和例子，来让学生理解。比如解释词汇"工作"，教师可以说"我是老师，老师就是我的工作。我太太是医生，医生就是她的工作。"通过对一个词汇做比较详细的举例，就能让学生理解。

3. 形象化。对于有些名词和动词，教师在解释时可以利用图片或者动作来帮助学生掌握词义。

有些教师对这样的解释法表示怀疑，担心这样的方法会误导学生。还有的教师觉得，既然已经有了中英对照的词汇表，就无需做讲解了。其实，这两种看法都是错误的。单个的词汇若离开了语境很难说有什么意义。只有在一定的语境条件下，词汇的意义才会凸显出来。如果教师只是给学生提供一个对应的词汇翻译，并不能帮助学生理解这个词汇。另外词汇讲解只是词汇教学中的一个步骤，并非全部。学习者最终掌握词汇不是依靠教师的讲解，而是依靠词汇训练（包括师生互动或者词汇游戏，但不包括造句）。所以教师在初步解释完词汇后，应当通过带有语境的词汇练习帮助学生来掌握这个词汇的意义和用法。很多新教师受到自己以前学习外语的经历的影响，以为把词汇的意义告诉学生，再给出几个例句，就算完成了词汇教学，这是错误的。

在解释语法的时候，要特别注意避免使用大量语法术语。我们鼓励教师采用"最小差异对"的思路来帮助学生掌握语法。所谓"最小差异对"就是我们在设计讲解需要的例句时，尽量使句子只在某一个部分构成对立，这样可以帮助学生发现语法的规律，教师无需大量讲解，学生也能理解语法概念。

解释能力和提问能力一样重要，教师需要对学生的语言水平有较高的敏感度。因此教师在备课时，不仅要了解本课的教学要求，还要了解前面几课或者前几册书的语言水平，从而对学生的语言能力形成比较准确的估计，避免教师语言中出现大量生词，造成学生理解障碍。

【案例5】 第一天怎么用汉语开始教学

很多教师对第一天上课如何用汉语进行教学很感兴趣，我们在这里提供两个例子，供大家参考。

【教学目标：教授基本课堂用语】

1. 老师做一个指自己鼻子的动作，然后说"我"，说两遍。（之所以用手指指着自己的鼻子，是因为汉语的"自"本义就是鼻子。如果教师能跟学生用外语交流，以后也可以跟学生交流不同国家以何种手势来表示"自己"，做一个文化的比较。）

2. 老师说"我"以后，用手势示意全班跟自己一起说。

3. 老师一只手做指鼻子动作，另一只手示意学生单独说"我"。（上述的三个步骤其实分别对应"展示—领读—学生自己说"三个教学阶段，借助教师的动作，使得学生把 wǒ 的发音和"我"的意义相联系。）

4. 以上述类似的方法教给学生"你""他""我们""你们""他们"。

5. 教师把手放在眼睛上方，做出手搭凉棚的姿势，说"看"，让学生意识到 kàn 这个发音的意义。

6. 以前面介绍的"三步骤"法，帮助学生练习"看"这个词汇。

7. 教师分别教给学生"听""念""说""写"等词汇。（每个动词都有一个固定的动作相联系。）

8. 教师做任意一个动作，要求学生说出汉语。比如，教师做"手搭凉棚"的动作，学生立刻说"看"，等等。

9. 教师先做"我"的动作，然后做"说"的动作，一边做，一边说"我说"。

10. 老师先后用这样的方法教"听我说""我说""你说"等这样的课堂指导用语。（老师就不必说"跟我说"这样对零起点学生来说属于结构复杂、不易理解的句子。）

11. 老师开始教拼音。所有的课堂指导用语都用汉语。

【教学目标：问姓名】

1. 教师先微笑着对大家说"你好"。用手势示意学生一起说。

2. 学生说"你好"。教师举起大拇指表示称赞。

3. 教师对一个同学说"你好"（一边说，一边做出摆手的姿势，让学生理解是打招呼），那个学生也说"你好"。若学生没有反应，可用汉语小声提示，直到他说出为止。

4. 教师依次与不同的同学打招呼。

5. 教师指着自己说"我叫刘弘"，并且板书"我叫"。（可加注拼音）

6. 教师拿出一张姚明的照片，然后说"他叫姚明"。板书"他叫"。（可加注拼音）

7. 老师说："我叫刘弘，他叫姚明，你叫……"（做手势询问学生）

8. 学生可能回答"Jack"，老师说："噢，你叫Jack"。用手势示意学生说完整句。

9. 学生说："我叫Jack。"

10. 老师问Jack旁边的同学："他叫Jack，那你叫……?"

11. 老师依次问每个同学。

12. 老师表演，自问自答："你叫什么名字？我叫刘弘。"（老师在表演时需要让学生体会到这是一问一答。）

13. 老师板书："你叫什么名字？我叫××。"

14. 老师开始用"你叫什么名字"提问。学生回答。

【点评】

在上面的两个例子中，教师主要采取了以下的一些技巧：

1. 循序渐进：教师在教授语言时，从词汇到短语，再到句子，让学生逐步理解意思。

2. 必要的重复：为了帮助学生理解和使用语言，教师话语有一定的重复。因为刚刚开始学汉语的学生，是不可能一教就会的，要多次操练以后才能掌握句型，因此适当的重复有助于他们记忆和交流。

3. 与意义直接联系：由于教师不使用媒介语，因此教师应当通过各种办法，让学生把句子的意义和声音直接联系起来。为了帮助学生理解意义，教师的表情、动作都发挥着作用。这样的方法，或许在教学之初，会显得进度略慢，但是这有助于学生建立起用汉语学汉语的习惯，培养学生猜测的信心，对学生将来的语言能力发展有好处。

4. 整体教学：在教授略为复杂的句子时，不必做太多的成分分解，而采取整句教学的方式。教师说一个整句，学生听一个整句，跟着说一个整句。这样也能帮助学生整体运用句子，使得他们感觉收获很大，提高他们学习汉语的兴趣。当然，这时的"整句"不能太长。

不过，鼓励教师用汉语进行教学并不意味着教师不需要懂外语。教师在跟学生进行课外沟通交流的时候，完全可以使用外语。除此之外，与家长和外国的教育管理机构沟通也需要教师掌握外语。教师会说外语和用汉语教学并不矛盾。我们希望国际汉语教师既能说一口流利的外语，用外语来介绍中国的文化，与当地人沟通，同时又能在课堂教学中做到"用汉语教汉语"。

参考文献

Cook, V. (2001) Using the first language in the classroom. *Canadian Modern Language Review/La*

Revue canadienne des langues vivantes, 57 (3)

Duff, P. A., & Li, D. (2004) Issues in Mandarin Language Instruction: Theory, Research, and Practice. *System*, *32* (3)

Krashen, S. (1981) *Second Language Acquisition.* Pergamon Press.

Tsui, A. B., Carter, R., & Nunan, D. (1995) *Introducing Classroom Interaction.* Penguin English.

柯顿、达尔伯格(2011)《语言与儿童》,唐睿等译,外语教学与研究出版社。

科德(1983)《应用语言学导论》,上海外语教育出版社。

佩奇(2010)《让学生都爱听你讲——课堂有效管理6步法》,屈宇清、咸佳彩译,中国轻工业出版社。

| 第九课 |
如何教中小学汉语

【案例1】 第一节汉语课

这是国际学校 P 校小学部本学期的第一堂汉语课，也是李华第一次去国际学校了解中小学汉语教学。P 校的特色之一就是在国际化的课程下比较重视汉语教学，无论是小学部还是中学部，每天都保证有一节汉语课。P 校有很多华裔子弟，因此 P 校的汉语课分成母语班和非母语班。母语班的学生都有华人家庭背景，教师的教学方法与传统语文教学差不多。而李华要去看的则是非母语班的汉语教学。

一进教室，李华就觉得环境和成人班不一样。三张桌子组合在一起，每边坐一个学生，很自然的形成三人一个小组。这个班级人不多，一共有四组，也就是十二个学生。教室里除了有白板之外，还有一块"聪明板"（交互式电子白板），李华以前看过相关的介绍，知道这是一种比较"高级"的教学工具，心想："这个国际学校的汉语教学条件还是不错的。"老师的办公桌就在教室的前面，负责教学的严老师平时就是在这个教室里办公。这个班级属于非母语的中级水平，学生实行走班制，即根据自己的汉语水平进入不同的班级上课。所以这个班有中学一年级的学生，也有三年级的学生。

　　在听课前，李华先跟严老师聊了一下。严老师告诉李华这节课的目标主要是掌握"站""坐""跑""跳"等词汇，还有含有"快快"和"慢慢"的祈使句。因为是第一堂汉语课，所以希望孩子们要喜欢汉语，不要产生对汉语的恐惧感。

　　李华听了半信半疑："对外国人来说，汉语是很难的，难道小孩子就不觉得汉语难了吗?"

　　汉语课开始了。严老师事先在教室白板前放置了五把椅子。她先热情地向学生问好，然后选了四个孩子与她一起站在五把椅子之前。随后，严老师夸张地大喊："坐下来!"同时自己快速地坐下。第一遍时，显然大部分孩子都还不太明白是什么意思，四个孩子中只有一个会模仿严老师同样坐下，严老师立刻用手势示意他很棒。等到严老师第二遍发出同样的指令并做动作时，孩子们已经都理解要模仿严老师的动作，于是四个孩子都能随着严老师的动作而动作。接下来严老师不做动作了，示意学生自己做。当严老师不断地说出"坐下来""站起来""转个身"，四个孩子也依次做出相应的动作。严老师扫视了全班，估计全班同学大都明白这些动作和指令的含义了。于是她让四个孩子回到自己的座位，要求全班一起跟着自己的指令来做动作。孩子们显然开始兴奋了，而且由于已经观摩过四个学生的示范，当严老师的口令发出后，基本上没有人做错。严老师竖起大拇指，称赞学生。

　　接着严老师又用同样的方式操练了以下的几组句子：

　　站起来—坐下来—快快地站起来—快快地坐下来—慢慢地站起来

　　走—快快地走—转个身—慢慢地走

　　走到那里（指向门）—转个身

　　走到那里（指向窗）—转个身

　　走到那里（指向白板）—快快地走到那里（指向板报）—慢慢地走到

那里（指向门）—转个身—快快地（略做停顿）坐下来

　　孩子们边做边跟着老师说，当做到最后一个动作"快快地坐下来"的时候，由于走到门边发现没有座位，只好就地坐在地板上时，这些孩子都因为最后的这个动作出乎意料而高兴地笑起来，他们兴奋地一个个倒在地上，哈哈地笑着。

　　严老师看到学生们的热情已经调动起来了，于是她点了几个学生让他们单独来做。这时候坐在位子上的一些学生也很兴奋，他们常常也会学老师的样子说出一些指令，严老师看到以后就让这些学生当场喊口令，让台上的学生做。

　　一节课已经过去了大半。严老师让学生重新回到自己座位上，开始巩固复习。她分了几个阶段来处理：第一个阶段严老师说口令并做动作，学生跟着说口令并且做动作；第二阶段严教师说口令但不做动作，学生则根据老师的指令做动作，一边做一边也要重复老师的口令；第三个阶段学生说口令，严老师边说边做动作。这样学生和老师的身份调了个个儿。小孩子显然对这样的活动很感兴趣，纷纷举手要求给老师出指令。

　　本节课的最后的一个教学步骤是严老师说指令，单独指名学生做动作，但最后一个动作都是"走到那里（门）—挥挥手（教师示范）—再见"，这样很自然的下课了。

　　李华发现这第一节中文课结束后，小学生们的学习热情高涨，兴趣迸发。下课后，不少学生都在走廊中操练着"走到那里—坐下来"这样的句子。李华也觉教学效果不错：每个学生都在课上开口说了几句汉语，而且也都理解了教师指令的含义。

　　"严老师，您的课真有意思，我没想到可以这样教小孩子中文。"李华说："我以前觉得第一节课一定要教拼音，否则没法开始学习汉语，可是今天您的教学让我看到了完全不同的教学方法。"

　　"我们今天主要用的是TPR——全身反应法，这节课的关键是教师的指令衔接要设计得巧妙，还有教师动作越夸张有趣越好，尽量要达到出其不意的效果。相信第一节课后，孩子们就会喜欢上我们的中文课的。现在国内用 TPR 的还不多，我们也是在摸索。"严老师很谦虚。

"我现在知道了，只要我们有合适的方法，中文学习也可以变得很有趣。"李华若有所思地说。

【点评】

随着汉语国际推广的深入，越来越多的少儿学习者开始学习汉语。少儿学习者与成年人有很大的差别，教师们也应该调整自己的教学方法，针对学生特点来组织教学，像严老师采取 TPR 教学法就是一种较为常见的针对少儿汉语教学的方法。此外，新教师们面临的另一个重大的挑战就是如何管理课堂。总之，针对少儿的汉语教学很重要，同时也很不容易。

一、少儿汉语学习者有什么特点？

外语学习低龄化是目前整个第二语言教学界面临的共同问题。少儿学习者年龄小，因此学习特点与成年学习者有很大不同。简单来说，有以下几点：

首先，相比成人，少儿注意力持久度比较低，一般注意力集中的时间大约在二十分钟左右。其次，由于受到现代文化的影响，少儿更偏爱视频、动漫，他们对于"活动"的影像更有兴趣，而现有的纸质对外汉语教材大多缺少图片和色彩，也缺少有趣的视频配套资料，教师往往要自己去寻找一些图片和视频来辅助教学，这给教师带来了压力。第三，少儿的自控力不强，年龄越小的孩子，自控能力越差。在少儿汉语教学的课堂上，我们常常会看到一些孩子突然大声叫喊，或者站起来，在教室里跑来跑去，这些行为都跟学习者年龄有关，而没有经验的教师对此常常不知所措。第四，少儿学习者自学能力较弱，教师需要给他们更多的帮助。第五，少儿学习者的汉语学习动力并不强。很多孩子只是为了完成学校安排的课程而学习中文（而且中文经常处于选修课而非必修课的地位），他们自身没有认识到学中文的重要意义；即使是在中国的国际学校就读的外国学生，因为住在外国人的生活区，生活中真正使用中文的机会很少，因此相当一部分学生对于中文学习并不积极。升学压力和国际学校的教学特点使得学生更重视英语学习。中文本身的难度（尤其是汉字）更让少儿学习者头疼，容易对学习汉语产生抵触情绪。

为了提高少儿学习者学习汉语的效果，教师一定要注重激发学生的学习兴趣。因为只有学生愿意学习，对中文有兴趣，教师的各种教学措施才能发挥作用。因此从事少儿汉语教学的教师要特别注意培养学生的学习兴趣，激发他们学习中文的热情，并帮助他们把热情持续下去。这就要求教师在教学中善于观察学生，充分调动学生的学习兴趣，有时候也需要在教学方法上突破自己以往的模式。

例如某一课是学习各种动作的词汇，传统的做法是教师先教生词（关于跑、跳、打等各种动词），帮助学生了解这些词汇的意义。在教的时候，教师通常会一边做，同时让学生跟着自己模仿。接着学习课文中相应的句子，并要求学生根据教师的提示边说边做。最后为了提高学生的学习兴趣，教师播放一段孙悟空的卡通片，片子里面是孙悟空的各种动作，要求学生根据今天学习的内容描述这一段卡通片。

这样的教学当然很不错，可是如果考虑到孩子的学习心理，我们可以倒过来做：

教师先放录像，让学生看孙悟空的卡通片。看完之后，教师简单介绍一下孙悟空，然后问学生："你们喜欢做孙悟空吗?"此时孩子们们热情高涨，纷纷表示喜欢。教师开始一边教动作，一边说出这些动作的汉语说法，并且要求学生也一边做一边说。最后，一个孩子上来表演孙悟空，大家看着他的动作说汉语。整个课堂在欢乐的气氛中结束了。

第二种教学方法只是调整了一下教学顺序，但是由于从具体的场景，而非抽象的语言入手，使得教师能够有效地调动学生的学习积极性。

同时教师在教学中应尊重每个学生的学习特点。根据多元智能理论，每个学生都有着多方面的能力，教师在语言教学中也要考虑到学生的差异。

我们虽然在这里把中小学习者放在一起说，但是其实中学生和小学生还是有很大区别的。一般来说中学生自认为已经长大，不再是小孩子了，所以他们特别"鄙视"幼稚的游戏和活动。所以如果单纯把小学生的活动套用到中学生身上，就会产生问题。因此教师在为中学生设计和实施活动时要充分抓住他们的心理特点，比如中学生可能更喜欢刺激，也更偏爱幽默的活动。

　　除了了解青少年的学习心理，掌握必要的少儿汉语教学方法也是非常重要的。目前，教少儿汉语教学有两种常见的思路：一是通过动作来教学，典型的教学方法有 TPR，即"全身反应教学法"。二是通过故事来教学，比如 TPRS（Total Physical Response Storytelling），也称作"行为情境教学法"。

　　严老师的第一节中文课就使用了 TPR 教学法。

二、什么是全身反应法（TPR）？

　　TPR（Total Physical Response），产生于 20 世纪 60 年代初期的美国，是圣何塞州立大学（San Jose State University）心理学教授 James Asher 提出的二语教学理论，曾一度盛行于 70 年代，主要用于美国移民儿童的英语教育。这种教学法是引导学生通过身体动作来习得外语，强调语言与行动的协调和互动。Asher 在设计这种教学法时，提出以下几条教学原则：

　　第一，学生口语理解力的培养应先于其说话。

　　第二，学生应通过身体对语言的反应动作来提高理解力。这种身体反应由教师有计划的指令来控制。研究表明，通过教师娴熟地运用指令，学生可以学到大部分目标语言的语法结构和成百的词汇。

　　第三，教师不应强迫学生开口。学生通过对听到的语言材料的理解，内化了目标语言的认知结构，到一定时候自然会开口说话。

　　TPR 的基本教学步骤：

　　如（图 9-1）所示，在使用 TPR 进行教学时，学生先听，再做动作，然后再说。而教师在学生输出语言之前允许他们经历一个沉默期，学生在已经理解了所学内容的基础上加以动作练习，从而实现语言知识的内化。

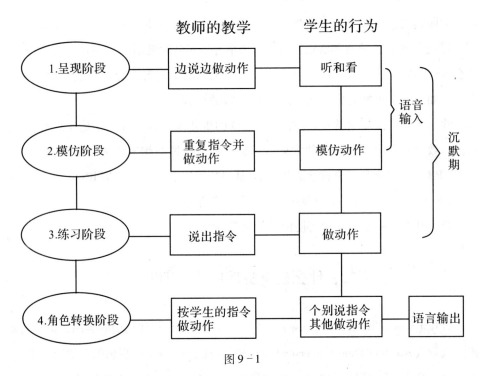

图 9-1

在实施 TPR 的教学过程中,允许"沉默期"的存在是关键之一。所谓的"沉默期"是指教学的某个阶段,允许学生不说话,光听不说。根据 TPR 的教学理论,"沉默期"有着重要的作用,它实际给了学生一个"消化"的过程。TPR 理论认为,学习外语应该有个"孵化"的阶段,学说话之前,有一段时间的"默听",就像鸡蛋不能立刻变成小鸡,而需要"孵化"一样。从表面上看,学生的语言能力似乎没有什么变化,实际上,内在一直在变化。"沉默期"是学生的必经之路,也是语言能力从量变到质变的关键。所以,大量输入的同时,允许学生不做任何的输出。教师要有耐心,同时也要有充足的课时保证。但在实际教学中,教师往往不够重视"沉默期"。很多教师都知道用肢体带动学生学语言,也知道听先于说,但是教师往往很快地就进入了"练习阶段",比如教师要求"请和我一起说……"这时候学生既要重复着自己还不熟悉的词语,又要顾及动作的标准,同时还想兼顾发音的准确,教学效果就打折扣了。

TPR 使得教师将语言与动作直接联系起来,教学也就不必借助翻译来进行了。

前面的故事中，TPR 教学是一个比较完整的教学过程，但是实际教学中，TPR 也经常作为教学的一部分，或者在热身阶段，或者在练习阶段发挥它的作用。比如下面这个七年级学生的汉语教学例子：

教学目标：1. 复习"我的""你的""他/她的"。

2. 学习身体部位的名词和"拍""摸""握"等动词。

第一步：教师带领学生做以下的 TPR 操练："我的手—我的头—我的脸—我的肚子—我的腿—你的手—你的头—你的脸—你的肚子—你的腿—拍拍（我的手、脚、肚子、头、脸）—摸摸（我的手、脚、肚子、头、脸）—握握手"。

第二步：学生两两配对，互相喊口令训练。

第三步：教师从教室外拉进了一个事先准备好的、来自生物实验室的人体骨架（为了减低恐怖感，教师事先给它穿上了校服，戴上了帽子），并把它（取名为"Mr. X"）介绍给同学们，同时解释这是塑料制成的。随后，指名学生上台做动作："握握 Mr. X 的手—拍拍 Mr. X 的腿—摸摸 Mr. X 的头—拍拍他的肚子—摸摸他的脸—用 Mr. X 的手摸摸你的脸—用他的手拍拍你的肚子—用他的手摸摸老师的头—用他的手拍拍某某学生的头……"学生惊叫声连连，但同时也异常兴奋，"沉默期"很快被打破，主动要求自己喊口令，捉弄其他同学做动作。

第四步：用经典游戏"西蒙说"（Simon Says）来复习所有的所学知识。

TPR 教学法对于提高学生的学习兴趣有很大作用，但是对于训练学生语言表达能力，特别是成段表达作用有限，因此，教师还需要掌握其他一些少儿教学方法。

【案例2】　"我们来讲故事吧！"

今天李华来到了上海的另一所国际学校 S 校听课。和 P 校不同，S 校是全英文授课的学校，90% 教师来自英语为母语的国家。S 校的小学阶段，汉语为必修课程，而到了中学后，汉语则为选修课程，并不要求所有的学生都学。因此，李华明显感到在 S 校学生更重视英语。

李华听的是小学部四年级的课，采用的课本是北大出版社《我爱学中文》第二册"Kelly 坐飞机去英国 Kelly takes an airplane to England"这一课。小学部每天汉语课为 40 分钟，一周共五节课。翻开课本，李华就觉得这本教材与传统的教材有点不一样，每篇课文都是一个故事，看起来也没什么语法，李华心里不禁好奇，这要怎么教呢？

李华发现班级里面学生不多，共有 8 名。两名美国人，四名韩国人，一名加拿大人，一名比利时人。听上课的王老师介绍，他们学汉语已经有三四年时间了。

学生昨天已经学过生词了，所以王老师上课的第一步是复习昨天学的生词。王老师把印有目标生词的 9 张词卡（词卡两折，上面是图片，下面是汉字和拼音）贴在教室的各个角落，黑板下面，书橱上面，水池旁边等，让学生找。找到卡片的学生依次上台，充当老师的角色，向大家展示卡片图片，提问同学卡片内容、意思、拼音和拼写。所有人一次轮完后，王老师将九张词卡贴在白板上，深入提问，请同学造句，其他同学翻译。当学生想不起来时，做动作或说英文进行提示。当造句错误时，王老师重复一遍正确的句子。李华觉得这个游戏不错，可是老让学生造句好像没什么必要。

复习完生词，就进入了教学的第二步：教师讲解故事，并且请学生表演。只见王老师请三名学生扮演故事中的售票员，主人公 Kelly，饭店老板，并为他们准备好道具：飞机票、座椅、柜子等。王老师要求学生按照描述，扮演角色，串联故事，构建对话。估计这样的活动已经做过好几次了，学生显然都明白王老师的要求。

看到学生们都准备好了，王老师就开始讲故事了：

"有一个女孩叫 Kelly，她十六岁了。"李华看见演 Kelly 的 A 学生指指自己，然后踮起脚尖表示穿高跟鞋。

"她去过中国、美国和韩国。"随着老师说课文，学生做出点数一二三的动作。

"但是她没有去过英国，她很想去英国。"学生先使劲摇头，指着白板上的英国大本钟的词卡表示没有去过英国。

"她想坐飞机去英国，但是她只有1000元钱。"A学生给大家展示1000元人民币大钞。

"她跑到售票员那里，问他飞机票多少钱，售票员说3000块。"这时演售票员的学生做出无奈耸肩的动作。

"Kelly没有3000块，她急得哭了起来。"演Kelly的学生做出抹眼泪的动作。

"她走啊走啊，突然看到前面有一家饭店，她急忙跑进去，对老板说，我很想在这里工作，我可以在这里工作吗？老板说，可以。"这时演老板的B同学坐在椅子上，边"抽烟"边点头。

"Kelly每天工作12个小时，她很累。"学生A跪在地上擦地板，然后突然"晕"过去。

"一个月后，Kelly从老板那里得到了2000元钱，她有钱了，她开心极了。"A同学做出喜形于色、蹦蹦跳跳的样子。

"她跑到售票员那里，买了一张飞机票，然后坐着飞机去了英国。"学生A做出飞翔的动作，跳上老师的桌子。

李华像看话剧一样，聚精会神地看着学生的表演，完全沉浸在学生的表演中了。

学生表演完，教师对第一组同学的表演能力做出评价，然后请第二组同学上来表演，与第一组的哑剧不同，第二组中，教师要求学生将对话边演边说出来。如："我没有去过英国""我没有钱""我要买飞机票""请问，飞机票多少钱？""我可以在这里工作吗？""一个月多少钱？""给你飞机票"等。表演的学生这时候跟着老师说这些句子。教师仍在做故事旁白。

第二次表演完，就进入第三次表演。第三次表演时教师要求学生自己增加细节和情节，自己演绎对话，也就是让学生在情景中自己说出恰当的句子。如买飞机票时，教师仅仅说："Kelly 走到售货员那里，她说……"学生因为学习过生词，故事听了两遍，这时候便较为容易地说出"我……要……买……飞机票"这样虽然停顿多但是正确的句子。

所有同学表演过故事后，教师开始用包含核心词汇的句子提问。从选择问到是非问，并根据对学生的了解问问题，不时让学生将中文句子翻译成英文。如：Kelly 去过英国吗？你去过英国吗？Aurelie 你去过比利时吗？Mat，你去过加拿大吗？你去过哪里？你没有去过哪里？你想去哪里？你很想去哪里？为什么？……

都表演完后，教师又跟学生做了一些随堂巩固练习，然后布置了家庭作业：读课文中的故事。这时候下课铃声响起，中文课就结束了。

【点评】

除了 TPR 以外，中小学汉语教学也可以尝试 Teaching Proficiency through Reading and Story-telling（行为情境教学法），即 TPRS 教学法，通过生动有趣的故事和相关情境，让学生在轻松的学习中掌握词汇并学会语言交际。行为情境教学法是由全身肢体反应法（TPR）发展演化而来的。学生在掌握关键词和理解故事内容的基础上，看着四幅连环画图片对故事进行复述。然后运用于自编的故事中，达到熟练掌握的程度。相对于死记硬背的教学方法，TPRS 将生动有趣的小故事引入教学，能为外语学习营造轻松的教学情境，帮助学生提高学习中文的兴趣。

三、什么是行为情境教学法（TPRS）？

行为情景教学法（Teaching Proficiency through Reading and Story-telling, TPRS）通过阅读并讨论故事来熟悉语法结构，从而提高学生的语言水平。

故事教学以故事为载体，利用学生对故事的热爱，来激发学生学习的兴趣；

通过学习故事、阅读故事、表演故事等方式，来培养学生自主学习和会话交际等能力。在听故事和学习故事的过程中，他们可以接受大量的信息输入，通过故事这个特有的载体学习语言，并结合自己的经历和见闻，再输出信息。在这个过程中，学生可以展开想象的翅膀，在故事的世界里尽情享受、随意创造。

TPRS 教学已经从传统意义的教师教、学生学转变为教师、学生共同讲述故事。从原来的单一的单词、句子练习转变到讲述的故事，TRR 中的故事可以千变万化，既可以是中国的，也可以是外国的；可以是教师自编的，也可以是学生自己创作的。而用师生共同喜欢的材料进行教学，可以极大地提高教学和学习效率。

该教学法主要包括三个步骤。

步骤一：确定要表达的事物。主要任务是陈述词汇。

步骤二：提问故事（并非讲故事）。老师提供一个故事大纲，让学生随心所欲地补充具体细节。同时，老师要不停地提出问题，不断地重复故事中的短语，这样学生自然就熟悉了当天要学的词汇。

步骤三：朗读并讨论步骤二中的故事。朗读通常由一个或全部学生大声地翻译出来以确保学生完全理解了故事。故事中的语法要点可能需要简要地解释一下。老师不但要针对故事提问，也要针对学生的实际情况问学生一些问题。

在使用 TPRS 中，循环式提问法比较重要。也就是教师围绕某个核心，反复多次提问。比如一个针对"好吃"的教学是这样的：

教师：这是什么？

学生（一起回答）：汉堡包？

教师：汉堡包好吃吗？

学生 A：很好吃。

教师：对，汉堡包好吃。你觉得呢，B？

学生 B：汉堡包好吃。

教师：好，B 也说汉堡包好吃。……有没有人觉得汉堡包不好吃？……我觉得汉堡包不好吃，我觉得巧克力很好吃。C，你觉得什么好吃？

学生 C：我觉得比萨饼好吃。

教师：D 你觉得巧克力怎么样？

学生 D：巧克力不好吃。

教师：你为什么觉得巧克力不好吃？

学生：……

我们可以看到，老师每个问题都问了几个学生，给每个学生回答的机会。而教师一直运用新学词汇不断提出问题，以引起学生的兴趣，帮助学生增强记忆，使其内化为长时记忆。掌握词汇的方法是反复提问，针对实际情况提问。在提问时，教师要注意以下几个方面：

第一，一个循环内的问题核心不要有变化。

第二，不要连续出现没有任何变化的问题或陈述句。也就是说，每个是非问的答案应是不同的。

第三，所有问题和陈述句都要是可理解的（comprehensible），并能得到学生的积极反应。如果没有反应，教师可以考虑用学生的母语进行解释，并寻找问题所在，以便继续反复提问。

第四，每一个循环的都以提问开始，并鼓励学生创造性地回答。回答可以是夸张的，奇怪的，这样可以吸引和保持学生的注意力。

而在提问时教师要注重引导，如果学生有困难，教师可以先说出一些答案，提示学生如何回答。而所有的问题都以学生为中心，有利于调动学生积极性。

我们建议教师的提问顺序如下：

（1）教师陈述答案：沈老师去看医生了。

（2）一般疑问句：沈老师去看医生了吗？

（3）选择疑问句：沈老师去看医生还是孙老师去看医生？

（4）特殊疑问句：沈老师为什么去看医生？

上述的问题组合是一个循环，以螺旋式加深难度。每学一个新词时，问题循环都需要重新来一遍，以保证每个词学生听到三遍以上的重复，从而实现从短期记忆转到长期记忆。当新词学习到三个以上，教师可以设计一个迷你故事，然后按照教学目标依次增加故事情节和内容。

【案例3】 怎样顺利开始上课?

又是一次听课活动，这次是听学校严老师的课。李华跟严老师打了个招呼，就径直坐在教室的后面。环顾四周，发现教室旁边的墙上贴着一些纸条，上面列着教师课堂用语的指令，还有一些学生本学期的心愿和目标等。教室后面的墙上则贴着学生的作文。

严老师热情地向每一位走进教室的学生打招呼，学生也有礼貌的回应。然后学生都走到自己的座位边，从书包里拿出需要使用的教学材料和昨天的作业，并把作业交给了老师。老师一边收作业，一边观察学生的情况。有一个同学发现自己忘记带课本了，于是发出一声大叫："哎呀，我的书没带！"严老师似乎早就预料到会有这样的情况发生，她示意那个学生可以跟别人合用课本，并且警告他："Jack，这是你第二次没带书了，记得我们的规定吗，如果三次没带书，考试要扣分的！"Jack似乎还想争辩，但是看到严老师的眼神，就不再说什么了。就在这时，上课的音乐响起来了，原先还站着的学生纷纷走到自己座位上坐下来。

看同学们都坐好了，严老师说："好了，现在我们上课，打开听写本，我们听写五个生词。"严老师环顾班级，发现有一个同学还在聊天，就对他说："Tom，别说话了。拿出你的听写本。"就在说完这句话以后，严老师就开始报出了听写的第一个词。

教室里明显变得安静了。严老师一边报生词，一边扫视班里的学生，顺手在考勤本上做着记号。这时候一个迟到的学生走进来，严老师示意他坐好。学生自觉地拿出本子开始听写。

听写很快结束了。严老师把听写纸收上来，并且要求学生马上把昨天教的课文读一遍。教室里立刻变得热闹起来，充满了学生的读书声。有个学生趁机想跟同桌聊天，严老师立刻提醒他："别说话，念课文！"学生只好打开书念起来。那个刚才迟到的同学问了严老师前面几个没听写的词语是什么，严老师一一告诉了他。严老师一边回答，一边用这个时间，快速批改了学生的听写，批改完之后立刻把它发了下去。然后严老师宣布："好了，现在大家抬头看黑板，刚才有几个汉字同学们错得比较多，我来说一下。"说完了汉字的问题，严老师这才开始上今天的课。

看着严老师快速而又有条不紊地处理班级事务，李华心里不禁暗暗佩服。

【点评】

许多在中小学任教的新老师的最初的困难不在于语法和词汇等语言教学内容，而在于如何去管理课堂。虽然可能已经学过一些课堂管理的有关课程，但是真正到实践中，还会发现许多问题不知如何处理。由于文化差异，国际汉语教师不能简单地使用中国传统教育中的"惩罚"措施。管理好课堂的关键有两点：一是在教学之初就要建立一套规则，让学生在以后的学习过程中逐步了解和适应。二是要掌握一定的管理技巧，以应对课堂中的意外情况。

四、怎样搞好课堂管理？

随着汉语学习者的低龄化，如何有效地进行课堂管理就成为新教师们面临的一个重要课题。我们发现新教师在面对纪律问题时，存在三个误区。第一个误区就是将课堂中出现的纪律问题完全归咎于学生。很多新老师抱怨学生学习态度不认真，不好好学习，不遵守课堂纪律，致使自己无法有效地开展教学。这种情况下，新教师首先要思考自己的教学设计是否存在问题，因为新教师课堂中出现的纪律问题，常常跟他们教学设计不当有一定关系。第二个误区是只注重发生问题后的处理过程，却很少注意如何预防问题。第三个误区是急于寻求一种灵丹妙药，一劳永逸地解决纪律问题。实际上，课堂管理是个长期的过程，不可能一下子就解决所有问题。

良好的课堂纪律不仅要靠教师当场果断、灵活处理，也需要教师做一些预案。我们建议教师在开学之初，就与学生共同制定本学期的学习规范。之所以希望教师和学生共同讨论，就是希望学生能够对规范有比较清楚的认识。这个规范不仅要规定教学中学生应该做的，并且要说明如果犯了错，教师会如何处理。下面是一个典型的学习规范：

学生纪律规定

1. 旷课情况处理：如生病请假需医生的证明或老师的许可，不扣出勤分；如出境或去外地需有正当理由获得老师的批准，但仍然扣出勤分。

2. 上课的时候不能聊天、接手机、与同学打闹、吃东西。

3. 迟到或早退超过 15 分钟算旷课一节。

4. 作业按时完成，迟交一天总分降低 10 分。

5. 小考（quiz）算入作业部分中，不予补考；单元考（unit test）补考须有正当理由并事先征得老师的同意，但在总分上降低 10 分；期末考不予补考。

6. 旷课超过 7 节，成绩为不及格。

这个规则的对象是高中生。教师考虑到他们对分数的重视，因此除了说明一般的课堂纪律要求以外，还特别对如何扣分做了清楚的规定。

中小学的教师可以把规则做成 PPT，通过讨论的方式逐步将课堂规则告诉学生，下面就是一个中学老师的 PPT：

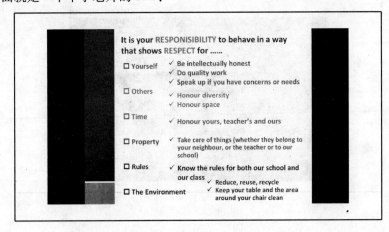

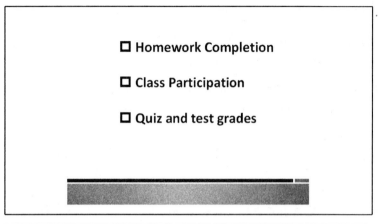

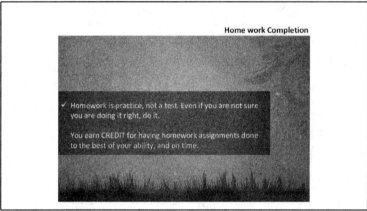

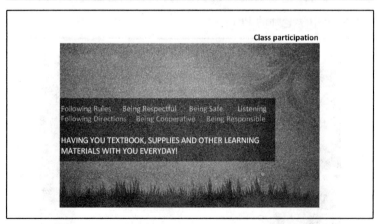

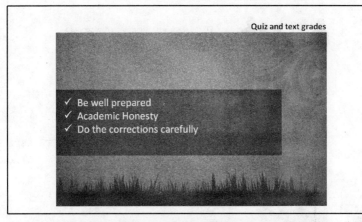

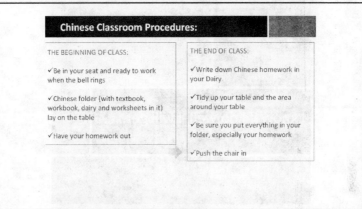

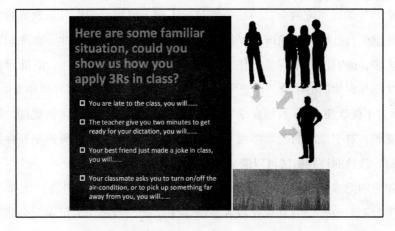

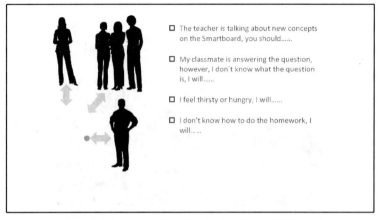

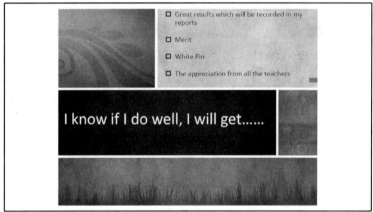

这个 PPT 的优点有两个：一是规则数量不多，但很清晰；二是教师给出一些情景，让学生自己思考"我该怎么办"。这个 PPT 的对象是初中生，如果制定的规则数量太多，他们反而不容易记住，而给出情景让他们自己思考，既能帮助学生理解，又能加深他们的印象，还避免了"规则是教师强加的"这样的印象。

"磨刀不误砍柴工"，教师在学期之初花一些时间来解释具体的规则，帮助学生逐步熟悉，对于今后的教学将很有好处。中学生正处于青春叛逆期，容易产生逆反情绪，教师的这种做法可以避免师生关系对立。

在制定的纪律规定中，我们提倡使用正面的、鼓励性的语言，比如"能完成……""应该……"，这样也比较容易被学生接受。当然作为纪律，必然有一些句子是用否定词语来表示的，比如"上课时不许吃东西""不许玩手机"等，这是不可避免的，我们只是希望这样的"负面"的语句尽可能减少。

如果有条件，制定好的纪律最好能够在教室的某个醒目位置贴出来。尤其是在中小学课堂，这样的好处是一旦学生违反了规定，教师可以及时提醒学生注意。而且当学生违反某些规定时，经常会把责任推到教师身上，诸如"我不知道""我不清楚这样的规定"，因此，把规范写下来，贴在墙上，也是避免学生找借口，为教师管理提供支持的一个好办法。

教师不要指望通过制定规则就能让学生遵守，他们常常会为自己的错误行为找借口。同时，学生也会不断地试探教师的"底线"。比如，有的学生声称因为参加某些活动而不能及时交作业，如果教师轻易同意的话，很可能他以后每次都找借口迟交作业，其他同学也会跟着这样做，那些准时交作业的同学就会抱怨老师不能公平对待。因此，规则制定了以后，教师要在日常教学中坚持这些原则，尤其是在刚开始执行的时候。事实上学生有时是在试探教师：如果教师很严厉地拒绝了，或者严格按照规定进行惩罚，学生下次是不会这样做的。我们发现新老师最容易出现"心慈手软"的情况，常常是有规则而不执行，给自己后来的教学添了很多不必要的麻烦。当然意外事件的发生是不可避免的，这时教师可以在保证公平的情况下灵活处理，但前提仍是不违反规则。总之，执行规则跟制定规则一样重要。

五、如何集中学生的注意力？

很多新老师对中小学汉语教学的感受就是"学生不听话"，因此，搞好中小学汉语教学的首要条件就是得集中学生的注意力。这需要老师做两方面的工作：一是教学设计和组织上，要控制每个教学环节的持续时间，保持学生对学习的新鲜感和好奇感；二是采用一些管理技巧，当学生出现注意力不集中的情况时，及时把他们的注意力拉回到课堂上来。我们觉得新教师要注意以下几点：

第一，适当变换教学内容。

很多新老师发现中小学生喜欢做活动，不喜欢教师主导的语言训练活动，于是整个教学都是在做游戏和活动，以为这就能让学生喜欢学习了。其实，中小学生认知的特点之一就是注意力持续时间有限，适当变换教学内容比做单一的活动效果要好。教师主导的语言训练太多，固然容易造成学生的疲劳感，但如果学生自由活动时间过多，也会因为自制力缺乏或者无聊而去做一些其他的事情。因此，教师需要保持活动和语言训练之间的平衡。如果教师在教学中发现学生的兴趣在下降，就要逐步减少这类活动的时长，这里并没有一个绝对的标准，教师需要根据自己的教学经验，学生的接受程度来综合加以考虑。我们建议多安排几项活动，各种活动交替进行，每个活动持续的时间不要太长，这样通过不断变换教学内容，能有效集中学生的注意力。

第二，要重视最后五分钟的教学。

我们建议教师在中小学汉语教学中最后五分钟最好安排由教师控制课堂的活动，不一定是口头的任务，书面的任务也可以。比如布置一些书写作业，要求他们写完才能下课，这样学生就会抓紧时间，赶快完成老师的作业。我们不建议最后五分钟安排自由对话等活动，因为如果此时安排学生独立活动，他们很可能开小差或者不遵守纪律，把最后几分钟浪费掉，久而久之，他们也会觉得最后的几分钟不重要。

汉语教师往往在课程的后半段让学生做口语活动，那么可以等到离下课还有五分钟时就宣布活动结束，然后简单总结一下学生存在的问题并且布置课后作业。这样等于强迫学生重新把注意力集中到教师身上。

第三，根据学生认知特点，灵活调整教学内容。

一般来讲，授课刚开始时，学生的注意力比较集中，此时课堂教学多以教师主导的教学活动为主，通俗地说，教师的"控制"比较多，而到了每节课的下半段，老师多以游戏活动为主，"自由"的成分比较多，这样的安排考虑到学生认知的特点，是比较合理的。我们看到有的教师在教学一开始就安排学生做角色扮演之类比较"自由"的活动，后来再想要做控制性的操练就不容易组织了。

此外，中小学生的注意力在一天之内也会有所差异。由于学校课程的限制，不能保证汉语课永远是在一个比较"好"的教学时间段进行。比如很多学校的汉语课程是选修课性质，安排在下午，此时学生已经上了一天的课，比较疲惫，注意力不容易集中。因此，教师在设计和组织活动时，必须要根据具体授课时间对原有的教学计划做适当的调整。

假设教师教两个相同水平的班级，一个班级的课排在上午第一节，另一个班的课排在下午的最后一节，这时即使教师的授课内容一样，这两节课的教学活动安排也要有所调整，不能按照同样的顺序进行。上第一节课的时候，教师可以先安排讲解或者教师主导的训练，然后做 20 分钟的活动；上最后一节课的时候，教师可以先讲解，然后安排 10 分钟的活动，再开始做教师主导的训练，最后做 10 分钟的活动。这样教师上课的内容没有变化，但是学生感觉活动次数比较多，教学内容变化较多，就可以使得学生一直把注意力集中在教学上。

前面说到，教师可以在课堂的最后五分钟或者十分钟安排学生完成一些书面作业，但是如果这是在下午，就要注意观察这样的教学手段是否能取得好的教学效果。由于学生已经过一天的学习，身心都比较疲劳，如果此时还让他们独立完成作业，其效果往往很差，我们建议教师改变原来的安排，转而设置一些互动性的活动，这样的教学效果应该比单纯做书面作业要好。

第四，恰当地运用一些肢体动作来抓住学生的注意力。

在进行一些教学游戏和活动时，学生常常会只顾自己，不管教师的指令和要求。有的时候老师想宣布进入下一个教学环节，可是学生们还沉浸在前一个活动中不能自拔，对于老师的新要求置之不理。这时候，教师需要给出一个特别的信号让学生把注意力集中到自己身上。有的老师会不停地用语言提醒学生，"时间到了""Time is up"，可是效果不一定好。教师如果在发出有声指令的同时加上适当肢体动作，比如举手或者拍手等，就会收到很好的效果。因为在吵闹的环境下，学生容易忽视教师的语言，而此时教师如能将视觉与听觉结合起来，马上能"抓住"学生。

老师可以在学期之初就告诉学生，如果自己举手，就表示同学们应该安静下来，不要再吵闹了。因此，一旦发生全班都比较吵闹的情况，教师就可以举手，同时开始倒计时："十，九，八……"教师可以根据学生的表现情况来决定倒计时的时间：如果学生很快都集中注意力了，倒计时速度可以比较快，而如果学生集中注意力比较慢，倒计时的速度可以适当慢一点，给学生稍多一点时间。如果老师数到"三、二"的时候，还是有几个同学不能把注意力集中到老师身上，教师甚至可以点那个同学的名字，然后再说出"一"。这样经过几次实践之后，当学生看到老师举手，一般都会意识到应该看老师。在这个过程中，教师一方面要举手，一方面要倒计时，同时还可以用眼神不停地扫视全班同学，提醒学生注意自己，真可以说是"眼观六路，耳听八方"了。

类似的方法还有很多，比如有的老师用一些能发声的小物件，如小铃铛等，同样能起到让学生集中注意力的作用。当老师需要学生注意自己的时候，就敲小铃铛，或者用笔敲桌子。受到声音吸引的学生会开始注意教师的行为。还有的教师什么都不用，只是突然无声地站在教室中间，这样的行为也是一种吸引学生注意力的办法。

使用这样的信号对于搞好课堂教学是比较重要的，因为它能在比较短的时间内重新获得学生注意力，但是在使用的时候一定要事先让学生明白这些动作的含义，否则当学生第一次看到老师做这些动作时，会感到很好笑，也不理解动作背后的含义。

对中小学生的课堂管理是很多国际汉语新教师必然要面对的一个重大挑战。新教师一方面要多看相关书籍，了解基本的原则和前人的经验，同时自己也要不断总结，将自己成功的和不成功的经历记录下来，反思其中的成败得失。每位教师遇到的课堂管理问题是很具体的，很少跟别人一模一样，而别人的方法也未必对自己有用，但是只要教师保持着一颗反思的心，就一定能做得越来越好。

参考文献

Asher, J. J. (1969) The Total Physical Response Approach to Second Language Learning. *The Modern Language Journal*, 53（1）

Decker, B. (2008) Body Language: *The Effectiveness of Total Physical Response Storytelling in Secondary Foreign Language Instruction*. EDUC480 in *http://www.macalester.edu/educationreform/ac-*

tionresearch/action%20research%20—%20beth.　pdf retrieved 26 February 2014.

Garczynski，M.（2004）*Teaching Proficiency Through Reading and Storytelling：Are TPRS Students More Fluent in Second Language Acquisition Than Audio Lingual Students？*（Doctoral dissertation，Chapman University）.

斯普瑞克（2011）《高中课堂管理》，王勃涛、刘文琴译，中国青年出版社。

章悦华等编（2010）《我爱学中文》，北京大学出版社。

| 第十课 |

如何设计课程

【案例1】 "请帮忙设计一门课程"

经过层层选拔，李华被选到某海外孔子学院担任志愿者。工作三个月下来，他逐渐适应了海外的教学工作，而且教学能力也得到大家的认可。

这天孔子学院的中方院长王老师和一个西装革履的人找到李华，向他介绍说："这位是大通汽车公司的人事部经理，Mr. James，他要请我们帮助他们培训员工，我考虑了一下，由你来负责他们的培训工作。你向James先生了解一下具体情况。我现在还有事情，你们先聊。"

"好的，您放心吧。"李华想自己在国外也教了一段时间汉语了，对完成这个任务还是挺有信心的。

James 先生说："我们大通公司要扩大在中国的投资，打算派五名员工去中国上海工作，因此想在派出之前对这五名职工进行汉语培训，刚才王老师推荐你来教，说你是位很有经验的汉语老师。""No, no."李华习惯性地表示客气，突然又意识到这样不妥，马上改口说："谢谢，那么请你具体介绍一下要求吧。"

James 开始详细介绍自己的公司的情况和培训的目标。听着听着，李华发现这家公司的要求还挺特别的：一方面他们培训时间很短，一共只有10次课，每次上两个小时，而学生的基础并不好，有一个人在大学学过一点汉语，其余四个人都从来没学过汉语，连拼音都不会；而大通公司的要求却不低，希望这五个人在接受了20小时培训后，能够应付在中国最基本的生活。

李华觉得时间有点短，就问James先生能否增加一点培训时间，可是James先生说这五个人平时工作也很忙，不可能有更多的时间学习。

"可是，如果只有20个小时的话，我觉得没有什么教材能在20个小时内教完的。"李华首先想到的就是教材问题。

"那不用教材也行的，这方面您是专家，您可以根据我们公司的具体情况，帮我们设计一个20小时课程计划吗？您自己决定这20个小时的具体内容。我只要给公司人事部经理看一下，他通过就行了。您看看，能否明天就发给我一个课程计划，我好安排？"

"明天？"李华大吃一惊，"这恐怕来不及吧，现在已经下午四点了。"

"我知道时间比较紧，可是我们这五个职员两个月以后就要出发去上海了，时间不多了。今天是星期四，我们打算下周就开始上课，这样你就只能明天把课程大纲发给我，我明天去跟我经理说。"

"好吧，我看看，等会儿我跟王老师商量一下，看看明天能否发给您。"

"这是我的名片和电话，有什么问题可跟我联系。"James匆匆告辞了。

李华想，自己是个普通老师，做教学设计这么复杂的工作也不会让自己这个初出茅庐的新手来做，只要到时候把情况汇报给王老师就行了。

可是他错了：王老师今天晚上正好有社区课，没时间做，于是这个原本"不可能"的任务偏偏就落在了李华身上。

李华问王老师："我从来没设计过课程，我到底该怎么下手呢？"

"你听说过总体设计吗？"王老师问，"其实参照总体设计的思路就行了，试试看吧！"

李华说："好吧，试试看吧。"

【点评】

国际汉语教师常常需要为某些机构或者学习者设计一些专门的课程。初次接受这些任务时，新教师们常感到茫然，不知如何下手。其实，"总体设计"就是指课程设计。它包含了多种层次，大到设计一个机构的所有汉语课程，小到为满足某些特定人群的需求而设计一门课程，甚至设计一对一的课程，这些都属于总体设计的范畴。因此，为了更好地适应海外教学，新教师们有必要掌握一些课程设计的基本方法。

一、课程设计有哪些基本步骤?

一听到"课程设计"，很多教师本能地觉得和自己没什么关系：因为大多数情况下，尤其在中国国内，教师们都是根据已有的课程计划来上课的。当学期开始时，学生已经招好了，教材也已经由学校或者教学机构确定下来了，教师们所要做的工作就是撰写课程大纲（syllabus），安排具体的教学进度，设计每一堂课的教学活动。绝大部分的普通教师会认为像课程设计这样的工作轮不到自己，只有那些经验丰富的"老教师"才需要去做。

然而，很多海外孔子学院教师表示，课程设计是他们经常遇到的工作。目前国际汉语教学中的课程设计，主要有两种情况，一种是教学机构主动设计一些新课程，以吸引更多学生来学习汉语。这样的课程不一定是传统意义上的语言课程，可能结合了文化推广等活动，比如唱歌学汉语，功夫汉语等。这种课程在进行设计之初，可能还没有学生报名，因此教师要根据课程自身的特点和性质来制定一个详细的课程方案。另一种则是"量身定制"课程，也就是根据一部分学生的特定需要，为他们开设专门的课程。案例中李华遇到的情况就是如此。

对外汉语界很早就关注课程设计的问题。吕必松 1990 年就提出了"总体设计"的概念，他认为总体设计应该包括以下几个阶段：（1）分析教学对象的特点；

（2）确定教学目标；（3）确定教学内容、范围和选择的原则；（4）确定教学原则；（5）规定教学途径，包括专业类型、周课时和总课时、教学阶段、课程设计等；（6）明确教师的分工和对教师的要求。

崔永华（2008）提出教学项目设计就是总体设计/课程设计的一种，他认为可以将这个工作分成两个部分，一是进行前端分析以确定教学目标，包括：（1）分析学习需求；（2）分析学习者；（3）分析教学条件；（4）确定教学目标。二是根据教学目标设置课程，包括：（5）确定教学内容范围；（6）制定课程计划；（7）制定各门课程的课程标准。

为了便于新教师们把握课程设计的要点，我们根据课程设计的流程，把它分成三个阶段：（1）收集信息；（2）编排教学内容；（3）评估与反馈。

在收集信息阶段，教师需要了解学生对于语言学习的需求，了解他们现有的语言能力和水平，为进一步开展课程设计做好准备。

在编排教学内容阶段，教师要根据前期调研来的情况对课程的目标做出规划，根据课程目标选择合适的教学内容，并根据一定的原则来组织编排。

一旦课程设计完成，就会开始实施，但是课程开始实施不意味着课程设计工作的完结，实际上，教师需要一直跟踪课程的进展情况，根据学生的反馈对课程进行调整，并且在课程完成之后对课程进行评估。

下面我们分别对这几个阶段的工作做一些具体说明。

二、怎样收集信息？

收集信息是进行课程设计的前提条件，主要收集以下几方面的信息：一是教学目标需求，二是学生情况，三是教学条件。

教学目标需求就是学习者将来需要在哪些目标场合使用什么样的语言。了解教学目标需求可以帮助教师确定学生需要掌握哪些语言知识和语言技能。

有时候，学生对于教学目标需求是比较清晰的，如希望学完课程后可以参加某个等级的 HSK 考试，或者顺利进入某一类学校学习等。但是也可能出现学生自已对于教学目标需求比较模糊的情况。比如案例中的大通公司只要求让接受培训的公司职员具有"应对最基本的生活"的语言能力，到底什么是"应付最基本的生活"的语言能力，大通公司不是语言教学专家，无法明确说明，这就需要课程设计者与他们来协商确定。

在确定教学目标需求时，尤其要注意学生将来要在哪些地方使用语言，也就是要了解语言使用的环境。因为环境就决定了语言发生的情境、角色、主题、内容这几方面。例如他们要用汉语跟谁交流，他们一般交流什么话题，他们需要了解什么内容等。环境还决定了需要掌握哪些技能。例如听说读写都要吗？他们是否需要发布指令？是否需要接听电话？是否会与客户谈判？是否要跟孩子的老师交流？……虽然看起来都是很小的问题，但却是教师在课程设计前必须掌握的信息。

为了有效地了解学生将要使用语言的环境，我们建议教师参考 Hutchinson & Watershed（1987）提出的"教学目标分析框架"来进行思考：

1. 学习者为什么要学习汉语？

   ● 为了学业？为了就业？为了培训？其他原因，如考试，升职等？

2. 学习者将要以什么形式运用汉语？

   ● 所需技能：听、说、读、写。

   ● 交流方式：面对面交流或者电话交流等。

   ● 内容：学术内容、非正式交谈、技术资料以及产品目录等。

3. 学习者将来在哪些领域运用汉语？

   ● 运用领域：如商务、医学、科技等。

   ● 所需语言程度：初级、中级、高级。

4. 学习者使用汉语的对象是谁？

   ● 以汉语为母语的人还是其他不以汉语为母语的人。

   ● 使用对象的知识水平：专家水平、普通人的水平、学生水平等。

   ● 与使用对象的关系：同事、师生、上级或者下级等。

5. 学习者将来在什么场合使用汉语？

   ● 客观场合：办公室、饭店、车间、图书馆。

● 社交场合：会议、展示会、电话交际。

● 语言环境：中国国内、海外。

收集信息的第二个部分是了解学生，主要了解以下内容：

1. 学生是什么人？比如他们年龄、性别、国籍是怎样的？

2. 他们的教育背景如何？他们现有的语言能力和水平怎样？

3. 学习者怎么学习？他们以往学习汉语的时间和方式如何？比如他们对教和学有什么看法？什么样的教学方法对他们比较有吸引力？他们不喜欢什么样的教学手段？是否有特别的学习偏好（比如是否要学习汉字）？他们是否有某些习惯的教学风格？

4. 他们来自什么样的社会文化背景？他们有哪方面的学科知识？比如要学习商务汉语的学生是否掌握了基本商务知识？

5. 他们的学习兴趣是什么？也就是说他们对哪方面内容比较感兴趣？

6. 学习态度是怎么样的？是否有明确的目的？他们是自己主动要学习的，还是出于某种原因（比如父母的压力，公司的要求等）来学习的？

7. 汉语学习是否与学习者的地位、经济利益有关？学习者对于学习结果有什么样的期待？

教师可以通过多种方式，比如面谈，或者发放调查问卷等方式来获得信息。下面就是一个语言学习需求问卷：

Dear all,

　Welcome to my class!

　My name is Liu Hong. I am your Chinese teacher for the summer program. You can call me Mr. Liu. Although it is only a short course, I hope we can have a great time while you can learn a lot about Chinese and sharpen your language skills. Now I would like you to share something with me, which can help me better prepare our Chinese lesson.

1. Your name： _____   Your grade： _____

2. How long have you been learning Chinese?

_____

3. Where did you learn Chinese? Do you attend Chinese classes at school? If so, what level are you in?

_____

4. Why do you want to learn Chinese?

_____

5. What aspects about China are you most interested in?

_____

6. What would you like to learn during these five weeks?

_____

7. Tell me two things you would like to share with me：

_____

Thank you for your cooperation！

    这样的调查问卷可以在课程设计之前就发给学生，等他们填完后，教师利用这些信息再来进行课程设计会更有针对性。

    在设计课程时，如果能跟学生直接交流，当然很理想，教师可以直接了解到学生的现有情况和学习需求。但是课程前不能跟学生交流也是很正常的，这时候教师还是要尽可能获取学生信息。比如可以跟提出开设课程的相关方面或者中间人进行沟通，获得必要的信息。比如在上面的例子中，李华就通过 Mr. James 详细了解了大通公司对于汉语培训的要求，了解到参加培训的人都是马上要去上海工作的职员，而学习目的则是帮助他们简单应对上海的生活。

    有时候课程设计前教师没有机会发放调查问卷了解学生的需求，教师也可以考虑在课程开始之后再发放调查问卷。这样做也有好处：这等于给学生提供了一个信号，告诉学生们：教师是很重视他们的学习需求的。教师可以在回收这些调查问卷之后根据他们的反馈适当调整自己原有的教学安排，使课程更符合学生的需要。

除此之外，教师也可以利用平时的课堂活动来了解学生的学习需求，比如某教师布置下面一份作业：

（1）给你的朋友写一封信，告诉他你为什么要学汉语；

（2）请你对教学中已经进行的活动提一些建议和要求。

这个作业表面上是为了完成教学的要求，但是它也了解学生对汉语学习和教学的一些看法，教师可以利用这个作业反馈的信息及时调整自己的教学。

第三个需要了解的是教学条件。包括以下问题：

（1）教学时间有多长？是一个月、一个学期还是一年？

（2）多长时间上一次课？每节课多长时间？什么时候上课？

（3）要不要考试？考试的形式是口试还是笔试？

（4）学院可以提供哪些资源？教师的数量和业务水平如何？教师对汉语课程的态度如何？是否有其他的学习材料？有什么教学辅助设施？是否有条件进行课外活动？

总之，这些信息虽然琐碎，却是课程设计不可缺少的信息。

【案例2】　"今后课程设计就由你负责吧！"

硬着头皮接受课程设计的任务以后，李华先看了一些有关课程设计的参考书籍，然后开始动手做了。他刚开始打算从某一册教材中挑一些内容来教，可是他发现这个方法不行，因为现在的教材一般针对在校学习的学生设计，基本上是听说读写四项技能全教，汉字也得学。这样做的好处是基础比较扎实，可是考虑到大通公司的学生一共只有二十个小时的学习时间，这样的课程安排就不合适了，不仅内容有点多，要求也偏高了。于是李华打算挑出十个场景，都是学生在中国生活必然会遇到的，每次掌握一个基本场景的会话，这样十次课学十个场景，效率也高。可是李华发现，场景决定倒不难，难的是怎么组织具体内容。总不能在课程计划上写"到时再决定"吧。可是组织内容不就成了自己编教材吗？这样的工作量是不是太大了？李华想了一个小时，还是没头绪。

电话铃声打断了李华的思路，原来是王老师上完了社区课，打电话来问李华的情况。

"还没什么进展。"李华有点沮丧，"我想好了十次课要上的主题，但是再往下我不知道怎么安排好，比如购物这个主题下面，我要怎么安排？语法怎么教？出哪些生词？原来想拿一些教材过来，但是发现都不能直接用。"

王老师听出李华遇到了困难，他给李华出了个主意："你现在做课程设计，主要是考虑如何在你所设计的主题下面，把功能点和语言点结合起来，你看过国家汉办的'大纲'吗？就是《国际汉语教学通用课程大纲》，这本书在话题下面都安排了一些具体内容，你可以参考这两本大纲，然后根据你学生的情况，来做课程设计。"

"好吧，我试试看。"

经过四个小时的努力，李华终于设计出了一份课程大纲，第二天上午，他把经过王老师修改的课程设计发给了 Mr. James。后来他就用这个课程计划进行了教学，并且顺利地完成了这次培训，得到了五位学生的好评。

在每个月的例行总结会上，王老师表扬了李华认真负责的工作态度，特别称赞李华为大通汽车公司所做的课程设计和教学成果。说得李华心里美滋滋的。

会议结束以后，王老师拍着李华的肩膀说："不错，这次的课程设计大家反映很好。我们昨天开会讨论，打算在社区开一些新的汉语课，类似于唱歌学汉语，打太极拳学汉语，打麻将学汉语之类的课，我想到时候课程设计就由你来负责吧！"

"啊!? ……好吧！"

【点评】

应当承认，要在一个晚上就做出一份课程设计对于李华这样的新老师而言的确有难度。但是作为一名国际汉语教学的志愿者，身处各种教学环境，面对不同的教学对象，需要具有多方面的能力，课程设计的能力就是其一。要设计好一门课程，需要阅读专门的书籍，并不断在实践中总结经验。像国家汉办编写《国际汉语教学通用课程大纲》就是教师们在进行课程设计时必不可少的参考资料。

三、怎么编排教学内容？

教师在了解学生需求和教学条件之后，就可以确定课程的总目标，并开始考虑编排具体的教学内容了。

定下总目标就是告诉学生"通过这一阶段的学习，你能够达到什么水平"。制定总目标时，既要尊重学生的要求，又要实事求是。如果学生（或者某个课程的组织者）对课程的期待过高，甚至不切实际，课程设计者不应一味迁就，而应该与他们进行有效的沟通，取得对方的理解和支持。另外教师在制定总目标时，要考虑到学生的个体差异和条件的局限性。比如，学生都是公司工作的职员，同样一个学期的课程，学习强度应该比全日制学生要小，因为公司职员们往往没有足够的学习时间来预习或者复习。

在制定教学总目标的时候，可以利用《国际汉语教学通用课程大纲》来作为参照。根据"基于标准的教学"的思想，教师首先应将自己的教学与课程大纲建立联结，确定自己的课程在大纲中的位置。教师不一定直接套用某一层级的标准，毕竟课程的情况千差万别。但是无论如何，应该尽量明确课程目标与课程大纲中设定的目标是什么关系。这个课程目标也是将来评估的依据。

一旦教学的目标确定下来，课程设计者就要考虑编排内容。选择内容的直接成果就是形成一个内容大纲，一般是一种网格图。教师在编排组织内容时应思考以下问题：

　　1. 我想让学生在这门课程中学到什么？

　　2. 课程中应该包括哪些基本的内容？如果时间有限，我是否应该调整？

　　3. 如何有效地组织这些教学材料？

　　在编排内容时，最理想的情况是找到某本合适的教材，符合所设计课程的需要。但是多数情况下，我们不能找到一本完全合适的教材，这时我们有两种选择：（1）以一本教材为主，适当补充其他资料；（2）根据教学目标和大纲，利用多种途径来寻找和安排教学内容，这多是在学生需求和目标比较特殊的情况下才需要。这里所说的"多种途径"，可以是指不同的教材中，也可以是其他非教科书类的资源。我们还是建议新教师在初次设计课程时参考一些课本，即使受到教学时间等条件的限制，无法直接使用某些教材，但是参考这些教材的内容编排方式还是有助于教师独立设计一门课程的。实际上教材就是一个课程设计的成果，而好教材更是凝结了多位语言教学专家的心血，仔细分析会有助于教师进行课程设计。

　　在内容的选择上也有多种方式。传统的语言教学多是根据语法结构来安排教学：课程设计者根据语法的难度由浅入深安排各类学习项目，但是这不利于培养学生的语言交际能力，所以现在很少使用。现在的教学安排中，即使是以语法为核心来安排课程，也会将它与某个具体场景相联系，比如某一课的核心是教"这是……"的句型，教师不应当只是教"这是书，那是本子"这类实际生活中很少用到的句子，而可以采用介绍自己的全家福照片的方式，"这是我爸爸，这是我妈妈……"这样语言结构与场景有了联系，对学生掌握语言有好处。这方面比较成功的教材有《新实用汉语课本》，如果教师需要设计课程，可参考这些教材。

　　很多课程都根据话题和功能来编排内容，也就是课程设计者分析学习者需要在哪些方面掌握语言功能项目，然后列出学习者可能会接触到的场景，再根据最后的语言教学目标确定每个场景需要使用的句子和词汇。这个时候，学生的学习目标对于场景、功能和内容形式有着决定性的作用。

　　比如一门课程中需要放入与旅游相关的内容，那么不同的课程可以有不同的处理方式。比如一个初级水平的口语课程，那么"讨论去哪里玩"可以作为主题，而如果到了高级水平，讨论旅游对于经济发展的利弊可能是更恰当的选择。

内容的编排顺序也有多种方式。如果课时不长，采取线性（linear format）的编排形式比较好，比如一共 20 次课的一个短期体验式课程，教师就可以选择 20 个话题或者功能，每次学习一个。对于学生来说，这样的安排能尽可能接触到将要遇到的各种问题，效率高。但由于没有机会重复，因此对长期的学习效果未必好。

如果时间不是太紧张，采取圆周式（orbital format）的编排效果比较好。比如 40 次课，那么教师可以仍然使用原来的 20 个主题，其中第 1 次的主题和第 21 次的主题一致，但是在语言内容上有所加深，比如第一次是"打招呼"，教授的句型是"你好"，到第 21 次课同样的打招呼主题，所教授的句子是"你吃了吗?"这样主题不变，而其中的语言难度增加了，这种圆周式的编排可以实现教学难度螺旋式上升的目的。

上述安排模式比较适合于每周一次的课程，学生每周一次，每次都学一个不同的主题，可以保持学生对汉语学习的新鲜感，可是如果一周有 2—3 次的课程，这样的进度可能就不合适了。我们可以考虑每周一个主题，在某一个主题下面安排不同的话题和训练模块。比如某一周的主题是旅行，教师可以为这周的每一次课都选择不同的具体话题，比如第一次是"商量旅行的计划"，第二次是"讨论旅行前的准备"，第三次是"旅行以后的感受"。在这样的课程中，教师也可以为每次的教学分别安排不同的功能，比如第一次侧重于听和说，第二次侧重于说和写，第三次侧重于读和说，这样安排能有效提高学生各方面的能力。

新教师在设计课程时，对于要编排组织哪些场景和话题常常感到没有把握。这时候，有两类资料可供参考，一类是教材。虽然这些教材的适用性可能不够，但是他们的编排结构都经过了专家的精心设计，教师仔细阅读和分析后会有启发。另一个资料是《国际汉语教学通用课程大纲》，这是国家汉办出版的专门帮助各类汉语教学机构和教师进行课程设计和教材编写的工具书，它不仅有国际汉语教学的五个等级的能力描述，详细说明了五个等级应该达到的语言能力，更是提供了八个附录，包括:《汉语教学话题及内容建议表》《汉语教学话题及内容举例表》

《中国文化题材及文化任务举例表》《汉语教学任务活动示范列表》《常用汉语语法项目分级表》《汉语拼音声母、韵母与声调》《常用汉语 800 字表》《常用汉语1500 高频词语表》，这是非常有用的课程设计参考资料。

以《汉语教学话题及内容举例表》为例，它一共包含了个人信息、家人和朋友、居家生活、学习和工作、爱好与特长、身心健康、饮食、问价与购物、银行、旅游与交通、态度和情感、计划、社会交往、天气、自然、语言学习、文学艺术、历史地理、宗教民俗等 19 类，每一类下面都有若干具体项目，每个项目都列出了任务目标、任务活动（举例）、常用语句和常用词汇。比如下面这个"亲属称谓"的项目说明：

表 10-1

项目	任务目标	任务活动（举例）	常用语句	常用词汇
亲属称谓	能说出常见的亲属称谓	1. 看照片介绍家庭成员 2. 根据关系描述，说出亲属称谓	1. 我家有四口人，爸爸、妈妈、哥哥和我。 2. 姐姐比弟弟大三岁 3. 哥哥是学生，妹妹也是学生	爸爸、妈妈、哥哥、姐姐、弟弟、妹妹、儿子、女儿、爷爷、奶奶、姥姥（外婆）、姥爷（外公）、孙子、孙女、外孙子、外孙女、叔叔、妻子、丈夫……

这样的项目说明，并不是要求教师把这些东西完全教给学生，教师需要参考学生的教学时间和目标，选择恰当的内容。比如，如果教师想为零起点的学生设计一个为期一个月的体验式学习课程，亲属称谓的课程也就是 50 分钟左右的课时，那么没有必要把所有的称谓词汇都一股脑儿地教给学生，可选择部分。而常用语句中的"姐姐比弟弟大三岁"也不一定教给学生。

除此之外，课程设计在话题选择时要考虑学生的兴趣和特点，比如针对青少年学习者的认知特点，《汉语教与学必备：教什么？怎么教？》（傅海燕 2007）中提供了一个十个单元的课程设计：

（1）我和我的朋友

（2）我家

（3）我的喜好和我的一天

（4）买东西

（5）我的故事

（6）我爱芝加哥的春天

（7）我的校园生活

（8）我家住在芝加哥

（9）我最爱吃的菜，吃在芝加哥

（10）我的过去与现状：身体与健康

这十个单元基本围绕着孩子的生活展开，学生有话可说，难度也比较合适。

在编排内容时还要考虑顺序问题，也就是说各内容单元应该是逐步深入的，不要出现明显的难度跳跃。话题本身是有难度差异的，一般与个人相关的话题总是较容易，谈论家庭相关话题则较难，至于社会和世界的话题则更难，因此教师的话题一般应从个人到社会，逐步变难。教师还需要考虑话题中涉及的功能和语法。在一定的教学阶段，话题本身可能难度差别不大，而其中功能和语法的难度则决定了学生对于课程的感受，比如一般来说叙述功能就会比描写功能要简单一点。语法上也存在一定先后关系，比如出现"把"字句教学之前应当已经学过结果补语，否则教师在操作上就不太容易。排序问题不是很容易，教师可以参考教材和课程大纲来综合平衡。

很多人认为，课程设计是系统化的，有条不紊的过程；然而在实际教学中，课程设计往往是有点混乱的，不断调整的，走两步退一步的过程。教师在新课程教学的最初阶段常常会很痛苦，因为他发现原先设计的教学计划在实际课程中会有问题。所以从这个角度来说，教师不要奢望课程设计从一开始就是完美的，它是一个不断发展的过程。

【案例3】 "请看看我设计的评估表怎么样？"

大通公司二十小时的汉语课很快就结束了，李华想知道学生对自己的课程评价怎么样，于是他制作了一张课程评估表，想让学生填写。在正式发给学生之前，他拿给王老师看，请王老师提一些意见。下面是他设计的评估表：

1. How would you rate this course overall?

   ☐Excellent   ☐Good   ☐Satisfactory   ☐Fair   ☐Poor

2. How clear were the objectives of the course?

   ☐Excellent   ☐Good   ☐Satisfactory   ☐Fair   ☐Poor

3. How well were these objectives achieved?

   ☐Excellent   ☐Good   ☐Satisfactory   ☐Fair   ☐Poor

4. How interesting was the course?

   ☐Excellent   ☐Good   ☐Satisfactory   ☐Fair   ☐Poor

5. How heavy was the workload?

   ☐Excellent   ☐Good   ☐Satisfactory   ☐Fair   ☐Poor

6. How much did you study for this course?

   ☐Excellent   ☐Good   ☐Satisfactory   ☐Fair   ☐Poor

7. To what extent were your own expectations met?

   ☐Excellent   ☐Good   ☐Satisfactory   ☐Fair   ☐Poor

8. Would you recommend this course to a friend?

   ☐Excellent   ☐Good   ☐Satisfactory   ☐Fair   ☐Poor

9. How would you rate the instructor overall?

   ☐Excellent   ☐Good   ☐Satisfactory   ☐Fair   ☐Poor

10. How informative were the classes?

☐Excellent　☐Good　☐Satisfactory　☐Fair　☐Poor

11. How well organized were the classes?

☐Excellent　☐Good　☐Satisfactory　☐Fair　☐Poor

12. How fair was the grading?

☐Excellent　☐Good　☐Satisfactory　☐Fair　☐Poor

13. Would you recommend this instructor to a friend?

☐Excellent　☐Good　☐Satisfactory　☐Fair　☐Poor

14. How useful were the required texts and other readings in help you learn in this course?

☐Excellent　☐Good　☐Satisfactory　☐Fair　☐Poor

15. How useful were the assignments in helping you learn in this class?

☐Excellent　☐Good　☐Satisfactory　☐Fair　☐Poor

16. How well did this course integrate local cultural resources into the semester's learning?

☐Excellent　☐Good　☐Satisfactory　☐Fair　☐Poor

17. How effective was the instructor in stimulating students' interest and participation in this class?

☐Excellent　☐Good　☐Satisfactory　☐Fair　☐Poor

18. How effective was this course overall in challenging you intellectually?

☐Excellent　☐Good　☐Satisfactory　☐Fair　☐Poor

19. What were the strongest features of this course and of the instructor? In other words, what contributed most to your learning?

20. Please append any responsible and constructive comments that you might have about this professor, this course, or the course material in the space below.

21. What specific changes would you suggest to improve this course?

王老师看了以后，说："不错，也有客观的评价部分，也有让学生提一些建议，挺好的。拿去用吧！"

一个星期后，王老师问李华评估结果怎么样。李华兴奋地说学生都反映课程不错，评估分数在 4.6 以上，自己挺高兴的。李华告诉王老师，学生们也对课程提了一些建议，包括希望能够进度再慢一些，课程资料再丰富一些。"不过，有了这次经历，我对于如何设计课程，如何搞好教学更有信心了。"

【点评】

课程评估对于保持教育质量，完善课程和教学起着重要的作用。课程的成功与否与课程设计、教师教学等有密切关系。单纯从某一方面去评估不能得到正确的结论。李华的这张课程评估表包含了多个方面，其中 1—8 主要涉及课程本身的情况，而 9—18 主要涉及教师的教学，而李华最后提出的三个开放式问题更能使学生对课程和教师提出自己的建议。整张表格用英语，更方便学生理解和表达。看得出，李华还是下了一番功夫的。

四、什么是课程评估？

课程设计完成之后，教师们就会根据课程的要求开始上课。然而，一个新设计的课程，总是会有很多不尽如人意的地方。教师需要在课程实施中不断调整自己的教学。如何能了解学生对于课程的意见和建议？建议教师利用专门的表格来做课程评估。

课程评估可以进行两次，一次在学期中间，一次在学期结束。中期评价是为了调整和修订课程计划，保证教学效果，而后期评价则主要是为了衡量课程的质量。

我们这里所说的课程评估不是对学生的学习情况进行评价。有的老师觉得只要学生考试考得好，就不能说课程不好，这种想法是片面的，因为考试分数与课程设计本身没有直接关系。考试虽然是一种反馈方式，但是只能在一定程度上反映结果，而不能对教学过程做出评价。因此我们一般不鼓励教师把课程的效果与某种考试的分数相联系，虽然学生的考试分数有助于了解课程的效果，但是不能代替课程评估。

课程评价不仅对课程设计者很重要，对授课教师也很重要，教师可以根据课程评估的信息改进自己的教学。有些教师对课程评估感到恐惧，不喜欢学生给自己的教学和课程打分，但是从改进教学的角度考虑，课程评估是有积极作用的，也是必要的。

实际上课程评估不是简单的让学生给老师打分。好的课程评估要包含以下三方面的内容（夏纪梅，2002）：（1）对目标的评价：每个目标的设定是否合理？会不会导致不希望的结果？（2）对内容的评价：所采用的教材的广度、难度及趣味性是否适合学生的需求？（3）对计划实施过程的评价：教师的备课和课堂教学能力，大纲和教材的实用性，课程进度安排的有效性，考试的方式，教学设备的使用等。

课程评估包括对教学内容、教学方法、教材、教学效果、教学活动多个方面的评估，还包括学生对学习的反思，学生不能把学习失败的责任全部归于老师和课程，也应反思自己的投入程度。

课程评估是前一个课程的结束，也是后一个课程的开始。从这个角度说，课程评估也是为下次的课程和教学设计提供信息。为了能够有效地改进教学，教师和课程设计人员都应该重视课程评估。

参考文献

Hutchinson, T. (1987) *English for Specific Purposes*. Cambridge University Press.

崔永华（2010）《对外汉语教学设计导论》，北京语言大学出版社。

傅海燕（2007）《汉语教与学必备：教什么？怎么教？》，外语教学与研究出版社。

国际汉语国际推广领导小组办公室（2008）《国际汉语教学通用课程大纲》，外语教学与研究出版社。

吕必松（2005）《对外汉语教学概论》，北京大学出版社。

夏纪梅（2002）《现代外语课程设计理论与实践》，上海外语教育出版社。

结语

　　李华两年的志愿者生涯很快结束了，他也马上要毕业走向新的工作岗位。回顾自己的学习和教学生活，李华不禁感慨："汉语老师可真不是会说中国话就能当的。干这行不仅需要热情和勇气，更需要知识和能力！为了能让世界听懂中国的语言，我们还得在国际汉语教学的道路上兢兢业业，精益求精啊！"

| 后记 |

　　这本《国际汉语教师入职必修十课》，是我独立撰写的第一本书，也是我这几年给本科生讲授选修课《对外汉语课堂教学研究》的一个成果。这里简单介绍一下我写这本书的一些思路和想法，供读者参考。

　　目前国际汉语新教师培训书籍主要有两类，一类是以理论阐述为主，并用一些例子加以具体说明；另一类则以介绍教学技巧为主。这两类书籍对于新教师提高教学能力十分有用，笔者自己就从中获益良多。但这两类书籍都有自己的缺陷：前者面孔比较严肃，读起来缺乏趣味性；而后者又往往停留在具体的游戏和技巧介绍上，缺乏必要的理论分析。虽然这类以讲授技巧为主的书籍较受新教师欢迎，但是以我个人经验来说，这些方法和技巧所能发挥的作用其实是有限的。毕竟教学的情境千变万化，没有什么方法能绝对保证管用。

　　因此本书采取"案例＋分析"的形式，试图走一条"折中"的路线，即通过一些教学故事引起教师对某些问题的思考，然后介绍一些相关的理论背景，提出一些解决的思路，并鼓励教师参考这些思路和原则来有针对性地改进自己的教学。同时这些真实的教学故事也会增强本书的可读性，使阐述的理论更易为广大新教师所接受，有利于新教师们形成正确的教学观念。这样的写作方法是一种尝试，能否达到笔者所设想的效果，也很难说，还请各位读者和方家指正。

　　另外笔者在阅读现有各种国际汉语教师培训用书时，发现编写者们多将主要精力放在语言要素教学和技能教学这两部分，而对于诸如课程设计、话语使用、课程大纲撰写、中小学国际汉语教学、课堂管理等方面却很少关注。而在汉语国际教育快速发展的背景下，上述这些方面也是国际汉语教师搞好教学所必须要了解和掌握的部分。本书有意识地扩大了国际汉语教师培训用书所涉及的知识范围，尽可能帮助新教师全面了解国际汉语教学。

全书共十章，可以分成三个部分。其中第一课、第二课和第三课可以看成本书的第一部分，涉及教师在正式教学之前所进行的活动。第一章"如何听课"主要介绍了听课中的注意事项，希望新教师能掌握听课的方法，学会从听课中获取营养。第二章"如何备课"主要介绍了如何撰写课程大纲和教学计划，如何撰写备课笔记，介绍了备课中需要的资源，并且对一些教学设计案例提出了自己的改进建议。第三章"如何说课和试讲"主要介绍了说课和试讲的一般流程和注意事项。现在无论是志愿者选拔还是应聘求职，说课、试讲都是重要的一环，希望这部分内容能对新教师有所帮助。

第四课、第五课和第六课可以看成本书的第二部分，介绍具体的教学方法和课堂实施情况。第四课"如何进行语言点操练"主要介绍如何确定语言点，如何进行语言点训练，并分析了语言教学中 PPT 设计的基本原则。第五课"如何设计和实施课堂活动"主要介绍了如何基于信息差来进行活动设计。笔者提供了一些设计信息差活动的思路。除此之外，还对诸如如何分组，如何发布活动指令等问题提出了自己的一些建议。第六课是"如何搞好'一对一教学'"。一对一教学是很多新手教师刚入行时的教学方式，本课分析了一对一教学对于提高教学能力的作用，介绍了不同的一对一教学的形式和特点。

本书的第三部分包括第七课、第八课、第九课和第十课，都是与国际汉语教学密切相关的一些问题。第七课主要讨论教材的选择和使用问题。包括如何选择教材，如何获得教材信息，如何调整教材等问题。第八课主要讨论教师话语问题。笔者认为，第二语言教师在课堂教学中需要尽可能多地使用汉语来教学。我们不排斥在某些必要的场合，教师使用学生母语来提高教学效率，但是对很多新教师来说，他们常常在不必要使用外语的场合使用外语，从而浪费了一些教学机会。因此，帮助新教师掌握必要的教学技巧和话语技巧十分重要。本课对于新教师如何改进自己的课堂话语提出了一些建议。第九课与中小学汉语教学有关，主要介绍了一些适合青少年汉语学习者的教学方法，如 TPR、TPRS，还对如何搞好课堂管理、集中学生的注意力提出了自己的一些建议。学习者低龄化是目前第二语言教学中的普遍问题，国际汉语教学也不例外，而目前有关青少年汉语教学方法的探讨还很不够，我们期待有更多教师关注青少年汉语教学的问题。第十课是"如何设计课程"，主要介绍了课程设计的基本步骤，如何进行需求分析，如何编排教学内容，如何进行课程评估。随着汉语国际推广，学生的学习需求日益多样化，这就要求教师具有一定的课程设计和评估能力。希望这一课能对那些在海外孔子学院任教的教师有所帮助。

本书的出版首先要感谢商务印书馆的储丹丹编辑，正是在她的鼓励和支持下，我才开始本书的写作。她从章节大纲到具体内容，都给我提出了很多宝贵的意见和建议，并对全书文字做了细致的梳理，使得本书增色不少。

另外也要感谢华东师范大学对外汉语学院吴勇毅、徐子亮、陈勤建、顾伟列、刘承峰等诸位领导，若没有他们的支持和鼓励，我就不会开设《对外汉语课堂教学研究》这门选修课，也就没有这本《国际汉语教师入职必修十课》。

同时我也非常感谢杨华、胡冕华、张莹、赵晗、徐佳忆、王冰、凌雯怡、孙丽康、陈琳、张绮翼、石旭登等师友，他们为我提供的教学案例、听课记录、备课笔记、PPT 等，大大丰富了本书的内容。

感谢上海耀中国际学校浦西分校的俞珉校长和各位汉语教师，他们惠允我多次旁听中小学汉语课程，并与我分享中小学国际汉语教学的经验，使我对于中小学国际汉语教学有了直观的了解。

在准备本书的过程中，曾经聆听过多位老师的课程，如华东师范大学的徐子亮教授、叶军教授，美国弗吉尼亚大学的梁新欣教授，美国爱荷华大学的柯传仁教授、沈禾玲教授、蔡真慧博士等，从他们的课程中获益良多，在此一并致谢。

本人才疏学浅，对于国际汉语教学的很多问题可能都考虑不周，有些提法也未必合适，欢迎各位读者批评指正。本人邮箱：liuhong@hanyu.ecnu.edu.cn。

刘弘

2014 年 12 月 10 日于圣约翰名邸